ZHONGGUO
JINXIANDAISHI
GANGYAO GELEI TIJIE

中国近现代史纲要
各类题解

卓兆恒 刘裴裴 编著

四川大学出版社

责任编辑:李勇军
责任校对:王　平
封面设计:墨创文化
责任印制:王　炜

图书在版编目(CIP)数据

中国近现代史纲要各类题解 / 卓兆恒，刘裴裴编
著；—成都：四川大学出版社，2012.12
ISBN 978−7−5614−6413−7

Ⅰ.①中…　Ⅱ.①卓…②刘…　Ⅲ.①中国历史−近
现代−高等教育−自学考试−题解　Ⅳ.①K25−44

中国版本图书馆 CIP 数据核字（2012）第 308829 号

书　名	中国近现代史纲要各类题解
编　著	卓兆恒　刘裴裴
出　版	四川大学出版社
地　址	成都市一环路南一段 24 号 (610065)
发　行	四川大学出版社
书　号	ISBN 978−7−5614−6413−7
印　刷	郫县犀浦印刷厂
成品尺寸	148 mm×210 mm
印　张	6.75
字　数	181 千字
版　次	2013 年 2 月第 1 版
印　次	2013 年 2 月第 1 次印刷
定　价	20.00 元

◆读者邮购本书,请与本社发行科
联系。电话:85408408/85401670/
85408023　邮政编码:610065
◆本社图书如有印装质量问题,请
寄回出版社调换。
◆网址:http://www.scup.cn

目 录

前 言·······················（1）

第一章 反对外国侵略的斗争··········（1）

　　一、学习目的和要求···········（1）

　　二、单项选择题·············（1）

　　三、多项选择题·············（8）

　　四、问答题···············（11）

　　五、选择题答案·············（16）

第二章 对国家出路的早期探索········（18）

　　一、学习目的和要求···········（18）

　　二、单项选择题·············（18）

　　三、多项选择题·············（24）

　　四、问答题···············（28）

　　五、选择题答案·············（32）

第三章 辛亥革命··············（33）

　　一、学习目的和要求···········（33）

　　二、单项选择题·············（33）

　　三、多项选择题·············（39）

　　四、问答题···············（41）

　　五、选择题答案·············（46）

第四章　开天辟地的大事变 ······················ （47）

一、学习目的和要求 ···························· （47）

二、单项选择题 ······························ （47）

三、多项选择题 ······························ （54）

四、问答题 ································ （58）

五、选择题答案 ······························ （64）

第五章　中国革命的新道路 ······················ （66）

一、学习目的和要求 ···························· （66）

二、单项选择题 ······························ （66）

三、多项选择题 ······························ （73）

四、问答题 ································ （79）

五、选择题答案 ······························ （82）

第六章　中华民族的抗日战争 ····················· （84）

一、学习目的和要求 ···························· （84）

二、单项选择题 ······························ （84）

三、多项选择题 ······························ （92）

四、问答题 ································ （95）

五、选择题答案 ······························ （101）

第七章　为创建新中国而奋斗 ····················· （102）

一、学习目的和要求 ···························· （102）

二、单项选择题 ······························ （102）

三、多项选择题 ······························ （109）

四、问答题 ································ （112）

五、选择题答案 ······························ （119）

第八章　社会主义基本制度的全面确立 ··············· （121）

一、学习目的和要求 ···························· （121）

二、单项选择题 ······························ （121）

三、多项选择题 ······························ （127）

四、问答题 ……………………………………………… （130）

五、选择题答案 …………………………………………… （136）

第九章 社会主义建设在探索中曲折发展 …………… （138）

一、学习目的和要求 ……………………………………… （138）

二、单项选择题 …………………………………………… （138）

三、多项选择题 …………………………………………… （144）

四、问答题 ………………………………………………… （149）

五、选择题答案 …………………………………………… （154）

第十章 改革开放与现代化建设新时期 …………………… （155）

一、学习目的和要求 ……………………………………… （155）

二、单项选择题 …………………………………………… （155）

三、多项选择题 …………………………………………… （163）

四、问答题 ………………………………………………… （167）

五、选择题答案 …………………………………………… （176）

附录

一、2012 年 1 月高等教育自学考试全国统一命题考试

《中国近现代史纲要》试卷 ……………………… （178）

二、2012 年 1 月高等教育自学考试全国统一命题考试

《中国近现代史纲要》试题答案 ………………… （187）

三、2012 年 10 月高等教育自学考试全国统一命题考试

《中国近现代史纲要》试题 ……………………… （190）

四、2013 年 1 月高等教育自学考试全国统一命题考试

《中国近现代史纲要》试卷 ……………………… （199）

前　言

　　《中国近现代史纲要》是我国高等院校学生必修的马克思主义理论课，也是全国高等教育自学考试各专业本科段必修必考的公共课。自 2008 年 10 月开考以来，已进行了 10 多次考试。由于该课程内容丰富（共十章 33 节），内容所涉及的时间跨度长（160 多年），加之全国统一考试，要求较高（每次考试题共四大类，共 47 题，单选 30 题，多选 10 题，简答 5 题，论述 2 题）。考试时间周转快（每年 3—4 次）。因此学习和考试均有一定的难度。为帮助广大参加高等教育自学考试的学员，在认真地、系统地、全面地学习自考大纲和教材的基础上，有重点地复习，真正学好，考好。我们以该课自学大纲为依据，指定教材为内容，搜集了开考以来历次考题和答案，编写了《中国近现代史纲要各类题解》，供广大学员学习和备考使用。

　　该书由曾编写《中国革命史各类题解》、《毛泽东思想概论学习指要及题典》的四川大学马克思主义学院（政治学院）卓兆恒教授编写，参加编写、材料搜集、分类整理的有刘裴裴，卓勇也参加了部分工作。全书共十章，每章分学习目的和要求、单项选择题、多项选择题、问答题、选择题答案，全书共 700 多题。

　　本书不仅适合参加高等教育自学考试学员需要，也可供夜大、函大、电大、职大及网络等成人高校和全日制本专科学员参考。

本书编写出版过程中，得到四川大学出版社责任编辑李勇军、四川大学成人教育学院黄太送、向承洲的热情支持，在此我们谨表诚挚的谢意。

由于时间仓促，水平有限，难免有误，敬请读者批评指正。

编　者

2012 年 8 月

第一章　反对外国侵略的斗争

一、学习目的和要求

1. 了解鸦片战争前的中国和世界，懂得资本——帝国主义入侵中国及其与中国封建势力相结合给中华民族带来的深重灾难，认识造成近代中国落后贫困的根本原因。

2. 领会近代中国社会的半殖民地半封建社会性质及主要矛盾和基本特征，认清近代以来中华民族面对的两大历史任务及其关系。

3. 了解近代中国人民反对外国侵略斗争的历史，掌握反侵略斗争的意义以及失败的根本原因。

二、单项选择题（在每小题的四个备选项中选出一个正确答案并将正确答案的代码填写在题后的括号内）

1. 中国近代史的开端是　　　　　　　　　　（　　）
   - A. 第一次鸦片战争
   - B. 英法联军战争
   - C. 中日甲午战争
   - D. 八国联军战争

2. 近代中国一切灾难的总根源是　　　　　　（　　）
   - A. 封建专制统治
   - B. 地主豪绅的剥夺

    C. 资本——帝国主义的侵略

    D. 军力衰败，军备废弛

3. 1840 年鸦片战争前，中国社会性质是   （   ）

    A. 奴隶社会   B. 封建社会

    C. 半殖民地半封建社会   D. 资本主义社会

4. 1840 年鸦片战争前中国封建社会的主要矛盾是 （   ）

    A. 地主阶级和农民阶级的矛盾

    B. 地主阶级和资产阶级的矛盾

    C. 工人阶级和资产阶级的矛盾

    D. 资产阶级和农民阶级的矛盾

5. 中国封建社会产生过诸多"盛世"，出现在清朝的是

                                  （   ）

    A. 文景之治   B. 贞观之治

    C. 开元之治   D. 康乾盛世

6. 清王朝由强盛转向衰落是在   （   ）

    A. 乾隆朝后期   B. 嘉庆朝中期

    C. 咸丰朝后期   D. 同治朝中期

7. 19 世纪初，大肆向中国走私鸦片的主要国家是 （   ）

    A. 美国   B. 英国

    C. 日本   D. 俄国

8. 早在 1836 年就扬言要用武力打开中国国门的是 （   ）

    A. 英国驻华商务监督义律

    B. 美国驻华公使田贝

    C. 德国传教士郭士立

    D. 法国传教士孟振生

9. 西方列强对中国的侵略，首先和主要的是   （   ）

    A. 政治控制   B. 军事侵略

    C. 经济掠夺   D. 文化渗透

10. 中国开始进入半殖民地半封建社会是在　　　　（　　）

　　　A. 八国联军战争后

　　　B. 第二次鸦片战争后

　　　C. 第一次鸦片战争后

　　　D. 中日甲午战争后

11. 割让香港岛给英国的不平等条约是　　　　　（　　）

　　　A.《北京条约》　　　　　B.《天津条约》

　　　C.《南京条约》　　　　　D.《辛丑条约》

12. 第一次鸦片战争结束后，美国迫使清政府签订的不平等条约是　　　　　　　　　　　　　　　　　　　（　　）

　　　A.《南京条约》　　　　　B.《望厦条约》

　　　C.《黄埔条约》　　　　　D.《瑷珲条约》

13. 第一次鸦片战争后，清政府被迫与法国签订的不平等条约是　　　　　　　　　　　　　　　　　　　　　（　　）

　　　A.《南京条约》　　　　　B.《望厦条约》

　　　C.《黄埔条约》　　　　　D.《北京条约》

14. 1895 年，日本迫使清政府签订的不平等条约是　（　　）

　　　A.《辛丑条约》　　　　　B.《马关条约》

　　　C.《天津条约》　　　　　D.《北京条约》

15. 1887 年，葡萄牙胁迫清政府签订的允许葡萄牙"永驻管理澳门"的条约是　　　　　　　　　　　　　　（　　）

　　　A.《中葡友好航海条约》

　　　B.《中葡关于澳门地位条约》

　　　C.《中葡友好通商条约》

　　　D.《中葡友好军事条约》

16. 1900 年，八国联军发动侵华战争后清政府被迫签订了　　　　　　　　　　　　　　　　　　　　　　　（　　）

　　　A.《南京条约》　　　　　B.《辛丑条约》

C.《天津条约》　　　　　D.《马关条约》

17. 1895 年签订的将中国领土台湾割让给日本的不平等条
约是　　　　　　　　　　　　　　　　　　　　（　　）

A.《南京条约》　　　　　B.《北京条约》

C.《天津条约》　　　　　D.《马关条约》

18. 1894 年 11 月，日军制造的连续 4 天大屠杀，造成 2 万
中国居民死亡的是　　　　　　　　　　　　　　（　　）

A. 江东六十四屯惨案

B. 旅顺大屠杀惨案

C. 济南惨案

D. 大连大屠杀惨案

19. 1900 年，俄国军队侵入中国东北制造了　　（　　）

A. 旅顺大屠杀惨案

B. 沈阳大屠杀惨案

C. 满洲里大屠杀惨案

D. 江东六十四屯惨案

20. 在 1860 年洗劫和烧毁圆明园的外国侵略者是　（　　）

A. 日本侵略军　　　　　B. 俄国侵略军

C. 英法联军　　　　　　D. 八国联军

21. 允许外国公使常驻北京的不平等条约是　　　（　　）

A.《北京条约》　　　　　B.《天津条约》

C.《马关条约》　　　　　D.《辛丑条约》

22. 1860 年，《北京条约》开放的通商口岸是　　（　　）

A. 天津　　　　　　　　B. 广州

C. 福州　　　　　　　　D. 汉口

23. 1860 年，《北京条约》开放的陆路商埠是　　（　　）

A. 满洲里　　　　　　　B. 哈尔滨

C. 伊犁和喀什噶尔　　　D. 塔城

24. 外国列强对近代中国进行资本输出最早出现在 （　　）

　　A. 第一次鸦片战争后

　　B. 第二次鸦片战争后

　　C. 中日甲午战争后

　　D. 八国联军侵华战争后

25. 基督教在中国设立的最大出版机构广学会发行的报刊是

　　　　　　　　　　　　　　　　　　　　　　　（　　）

　　A. 《中国丛报》　　　　B. 《北华捷报》

　　C. 《字林西报》　　　　D. 《万国公报》

26. 近代中国社会的性质是　　　　　　　　　　（　　）

　　A. 封建社会

　　B. 半殖民地半封建社会

　　C. 资本主义社会

　　D. 社会主义社会

27. 中国半殖民地半封建社会的最主要矛盾是　　（　　）

　　A. 地主阶级与农民阶级的矛盾

　　B. 资产阶级与工人阶级的矛盾

　　C. 帝国主义与中华民族的矛盾

　　D. 封建主义与人民大众的矛盾

28. 在中国近代史上，人民群众第一次反侵略的武装斗争是

　　　　　　　　　　　　　　　　　　　　　　　（　　）

　　A. 三元里人民的抗英斗争

　　B. 太平天国抗击洋枪队的斗争

　　C. 台湾人民的抗日斗争

　　D. 义和团抗击八国联军的斗争

29. 1862年5月，太平军在江苏奉贤击毙的法国侵华海军

司令是　　　　　　　　　　　　　　　　　　　（　　）

　　A. 卜罗德　　　　　　　B. 依尔思德

C. 勒伯勒尔　　　　　D. 华尔

30. 1841 年战死在虎门的广东水师提督是　　（　　）

A. 冯子材　　　　　B. 海龄

C. 关天培　　　　　D. 邓世昌

31. 1842 年，在镇江战场战死的满族副都统是　　（　　）

A. 邓世昌　　　　　B. 海龄

C. 关天培　　　　　D. 冯子材

32. 中法战争期间，率领清军和民众取得镇南关大捷的是

（　　）

A. 左宝贵　　　　　B. 冯子材

C. 邓世昌　　　　　D. 海龄

33. 甲午战争中，战死于平壤的清军将领是　　（　　）

A. 左宝贵　　　　　B. 左宗棠

C. 关天培　　　　　D. 邓世昌

34. 甲午战争中，英勇牺牲的致远舰管带是　　（　　）

A. 丁汝昌　　　　　B. 关天培

C. 邓世昌　　　　　D. 刘步蟾

35. 19 世纪末，在帝国主义列强瓜分中国的狂潮中，提出"门户开放"政策的国家是　　（　　）

A. 俄国　　　　　B. 日本

C. 美国　　　　　D. 德国

36. 旧民主主义革命时期中国反侵略斗争失败的最根本原因是　　（　　）

A. 经济技术落后　　　　　B. 社会制度腐败

C. 思想文化保守　　　　　D. 军事装备落后

37. 近代中国睁眼看世界的第一人是　　（　　）

A. 魏源　　　　　B. 林则徐

C. 龚自珍　　　　　D. 洪仁玕

38. 1839 年，林则徐组织翻译了英国人慕瑞的《地理大全》，编成了 （ ）

    A.《海国图志》   B.《四洲志》

    C.《救亡决论》   D.《时局图》

39. 魏源编纂的综述世界各国历史、地理及中国应采取的对外政策的书是 （ ）

    A.《海国图志》   B.《四洲志》

    C.《救亡决论》   D.《时局图》

40. 魏源在 1843 年编纂的《海国图志》中提出的重要思想是 （ ）

    A. 中学为体，西学为用 B. 物竞天择，适者生存

    C. 救亡图存   D. 师夷长技以制夷

41. 1895 年，严复在《救亡决论》中喊出的响亮口号是 （ ）

    A. 民主   B. 救亡

    C. 图存   D. 富强

42. 严复 1898 年翻译出版的《天演论》所宣传的思想是 （ ）

    A. 师夷长技以制夷   B. 中学为体，西学为用

    C. 振兴中华   D. 物竞天择，适者生存

43. 提出"物竞天择，适者生存"口号的是 （ ）

    A. 郑观应   B. 马建忠

    C. 严复   D. 康有为

44. 1898 年 4 月，疾呼中华民族面临着成为"笼中之鸟，釜底之鱼，牢中之囚"危险的是 （ ）

    A. 林则徐   B. 魏源

    C. 康有为   D. 梁启超

45. 1894 年 11 月，孙中山创立革命团体——兴中会喊出了
( )

    A. "平均地权"   B. "振兴中华"

    C. "驱逐鞑虏"   D. "恢复中华"

三、多项选择题（在每小题四个备选项中，至少有两个是符合题目要求的，请将其代码填写在题后的括号内）

1. 中国封建社会前后延续了两千多年，中国的封建社会的特点包括
( )

    A. 经济上封建土地所有制占主导地位

    B. 政治上实行高度中央集权的封建君主专制制度

    C. 文化上以儒家思想为核心

    D. 社会结构上是族权与政权相结合的封建宗法等级制度

2. 第一次鸦片战争期间，清政府被迫与英国签订的不平等条约有
( )

    A. 《南京条约》   B. 《望厦条约》

    C. 《虎门条约》   D. 《五口通商章程》

3. 19 世纪五六十年代，俄国与清政府签订的强占中国东北、西北 140 多万平方公里领土的不平等条约有 ( )

    A. 《中俄瑷珲条约》   B. 《中俄尼布楚条约》

    C. 《中俄北京条约》   D. 《中俄勘分西北界约记》

4. 资本——帝国主义对中国的政治控制表现在 ( )

    A. 控制中国的内政和外交

    B. 把持中国海关

    C. 镇压中国人民的反抗

    D. 扶植收买代理人

5. 近代中国司法主权受到破坏，规定外国享有领事裁判权

的条约是 （   ）

    A. 1843 年中英《五口通商章程》

    B. 1844 年《望厦条约》

    C. 1860 年《北京条约》

    D. 1901 年《辛丑条约》

6. 资本——帝国主义列强对近代中国进行经济掠夺的主要
手段 （   ）

    A. 控制中国通商口岸

    B. 剥夺中国关税自主权

    C. 对华倾销商品和资本输出

    D. 操纵中国经济命脉

7. 西方教会较早在中国创办的报刊有 （   ）

    A.《中国丛报》   B.《北华捷报》

    C.《万国公报》   D.《新民丛报》

8. 近代中国社会的主要矛盾有 （   ）

    A. 资产阶级和无产阶级的矛盾

    B. 帝国主义和中华民族的矛盾

    C. 帝国主义和人民大众的矛盾

    D. 封建主义和人民大众的矛盾

9. 中国早期工人阶级产生于 （   ）

    A. 外国资本主义在中国开办的企业

    B. 洋务派官僚开办的军工企业

    C. 洋务派官僚开办的民用企业

    D. 本国民族资本企业

10. 1840 年鸦片战争后，中国社会的主要矛盾是 （   ）

    A. 帝国主义与中华民族的矛盾

    B. 封建主义与人民大众的矛盾

    C. 地主阶级与农民阶级的矛盾

    D. 资产阶级与工人阶级的矛盾

11. 近代以来，中华民族面临的历史任务是 （   ）

    A. 开展武装斗争

    B. 实行土地革命

    C. 求得民族独立和人民解放

    D. 实现国家富强和人民共同富裕

12. 在威海战斗中殉国的北洋舰队将领有 （   ）

    A. 刘步蟾   B. 邓世昌

    C. 丁汝昌   D. 关天培

13. 中日甲午战争后，迫使日本将辽东半岛"还给"中国的国家包括 （   ）

    A. 俄国   B. 法国

    C. 德国   D. 英国

14. 19 世纪末，法国在中国划分的势力范围有 （   ）

    A. 云南   B. 福建

    C. 广东   D. 广西

15. 在中日甲午战争中为国捐躯的爱国将领有 （   ）

    A. 左宝贵   B. 邓世昌   林永升

    C. 丁汝昌   D. 刘步蟾

16. 第一次鸦片战争期间，为抗击英国侵略者以身殉国的爱国将领是 （   ）

    A. 关天培   B. 陈化成

    C. 海龄   D. 邓世昌

17. 自 1840 年至 1919 年，中国人民反对外来侵略进行了英勇的斗争，但都失败了，其原因 （   ）

    A. 社会制度的腐败

    B. 经济技术的落后

    C. 外国侵略力量强大

　　D. 军备落后

四、问答题

1. 中国封建社会的基本特点。

在经济上，封建土地所有制占主导地位，地主阶级和农民阶级的矛盾尖锐。

在政治上，实行高度中央集权的封建君主专制制度。

在文化上，以儒家思想为核心。

在社会结构上，是族权和政权相结合的封建宗法等级制度。

地主阶级和农民阶级的矛盾是中国封建社会的主要矛盾。

2. 外国列强是如何侵略中国的，有什么后果？

（1）军事侵略：资本——帝国主义列强对中国的侵略，首先和主要的是进行军事侵略，迫使中国政府签订不平等条约。通过不平等条约，侵占了中国领土，勒索巨额赔款，在战争中屠杀中国人民，还公开抢劫中国财富，肆意破坏中国文物和古迹，对中华民族优秀文化造成空前浩劫。

（2）政治控制：资本——帝国主义列强通过军事侵略和不平等条约，控制中国内政和外交，把持中国海关，镇压中国人民的反抗，扶植、收买代理人。

（3）经济掠夺：外国列强控制中国通商口岸，剥夺中国关税自主权，向华倾销商品和资本输出，并逐渐操纵中国经济命脉。

（4）文化渗透：外国列强利用宗教进行渗透和侵略活动，鼓吹侵略有功论，"种族优劣论"为侵华制造舆论。

（5）资本——帝国主义在给中国带来某些新变化的同时，又为了控制和掠夺中国的目的而同中国的封建统治者勾结起来，共同阻碍中国人民的独立和解放。它们来到中国的主要目的，并非要把落后的中国变成先进的中国，而是要强迫中国永远成为西方的附庸国。

3. 鸦片战争以后，中国发生了哪两方面的变化？

1840 年第一次鸦片战争，是中国近代史的开端，战争以中国失败而告终，中国社会发生了两方面的变化。

（1）英国与其他西方列强，强迫清政府与之签订了一系列不平等条约，迫使清政府割地、赔款，攫取一系列经济、政治和文化特权，中国的主权独立受到侵犯，领土完整遭到破坏，中国逐渐沦入了国家政权形式上仍然存在，而主权受制于外国列强的半殖民地。

（2）鸦片战争后，随着五口通商和西方商品在中国倾销，一方面促使中国传统的封建自给自足的自然经济开始解体，中国的农业经济也日益依附于世界资本主义，并成为其市场体系中的一部分；另一方面，促进了中国城乡商品经济的发展，为中国资本主义发生发展造成了某些客观条件，中国出现了资本主义生产关系，不再是完全意义上的封建社会，而是一个半封建社会了。

4. 近代中国半殖民地半封建社会的主要特点。

第一，资本——帝国主义不但逐步操纵了中国的财政和经济命脉，而且逐步控制了中国的政治，日益成为支配中国的决定性力量。

第二，中国的封建势力同外国侵略势力相勾结，成为外国列强压迫、奴役中国人民的社会基础和统治支柱。

第三，中国自然经济的基础虽然遭到破坏，但是封建剥削制度的根基即封建地主的土地所有制依然在广大地区内保持着，成为中国走向现代化和民主化的严重障碍。

第四，中国资本主义有所发展，并在政治、文化生活中起了一定的作用，但没有成为中国社会经济的主体，在帝国主义和封建主义的压迫下，它的发展很缓慢，力量很软弱，它的大部分与外国资本——帝国主义和本国封建主义都有或多或少的联系。

第五，由于近代中国处于外国列强的争斗和间接统治之中，加上中国地域广大，以及在地方性的农业经济的基础上形成地方割据势力的存在，近代中国各地区经济、政治和文化发展是极不平衡的，后来，外国列强还分别支持不同的政治势力以分裂中国，使中国处于不统一状态。

第六，人民毫无政治权利和生活的极端贫困化，在外国列强和封建主义的双重压迫下（后来还加上官僚资本主义），中国的广大人民，尤其是农民日益贫困化以至大批地破产，过着饥寒交迫和毫无政治权利的生活。

5. 近代中国民族资产阶级的特点是什么？

一方面受到外国资本主义和本国封建主义的压迫，在一定条件下，可以参加反帝反封建的革命或在斗争中保持中立。

另一方面，因其力量薄弱，又与外国资本主义和本国封建主义有着千丝万缕的联系，在斗争中缺乏彻底的革命性。

中国民族资产阶级的两面性特点和双重性格，决定它不可能引导中国的民主革命走向胜利。

6. 近代中国工人阶级的特点是什么？

近代中国工人阶级的特点是：

第一，深受帝国主义、封建主义和资产阶级的三重压迫与剥削，革命性最强。

第二，人数虽少，但相对集中，主要集中在大城市和大企业中，便于形成革命力量。

第三，主要是由破产农民和家庭手工业者转化而来，同农民有着天然的联系，便于结成工农联盟。

7. 近代中国社会的主要矛盾和面临的历史任务是什么？

主要矛盾：帝国主义与中华民族的矛盾、封建主义与人民大众的矛盾。

面临的两大历史任务：一是求得民族独立和人民解放；二是实现国家繁荣富强和人民共同富裕。

8. 中国半殖民地半封建社会的主要矛盾及相互关系是什么？

中国半殖民地半封建社会的主要矛盾是帝国主义与中华民族的矛盾，封建主义与人民大众的矛盾，而帝国主义与中华民族的矛盾是各种矛盾中最主要的矛盾。

两对主要矛盾之间的相互关系是：当外国列强向中国发动侵略战争时，阶级矛盾降到次要地位，民族矛盾上升为主要地位。当外国侵略者同中国封建政权相勾结，共同镇压中国革命，尤其是封建地主阶级对人民的压迫特别残酷时，阶级矛盾上升为主要矛盾。

9. 近代以来，中华民族面临的两大历史任务及其相互关系。

两大任务：一是求得民族独立和人民解放；二是实现国家繁荣富强和人民的共同富裕。

两大任务既相互区别，又相互联系。其区别在于，二者的主体、内容不一样。前者要改变民族遭压迫、人民受剥削的地位和状况，是要从根本上推翻中国半殖民地半封建社会的统治秩序，解决生产关系问题；后者是要改变近代中国经济文化和社会落后的地位和状况，是要充分发展近代民族工商业，解决生产力问题。其联系在于，只有完成第一大任务，才能为第二大任务的完成创造条件。一方面，争取民族独立和人民解放是实现国家繁荣富强和人民共同富裕的前提条件，只有实现民族独立和人民解放，才能废除列强同中国签订的一切不平等条约，才能推翻封建专制制度，改变买办和封建的生产关系，解放生产力，开辟走向现代化的道路。另一方面，争取民族独立和人民解放的最终目的是使中国人民走向现代化，实现国家繁荣富强和人民的共同富裕，使中华民族自立于世界民族之林。

10. 近代中国人民是如何进行反侵略斗争的？

（1）人民群众的反侵略斗争：

鸦片战争时期，三元里人民抗英运动是中国近代史上中国人民第一次大规模的反侵略武装斗争。太平天国农民战争后期，太平军曾多次重创外国侵略者。1884 年中法战争时期，香港的中国造船工人和码头工人举行大罢工，拒修法国舰艇行为。台湾人民也曾多次反抗侵略者。1900 年义和团与部分清军与八国联军进行殊死搏斗，取得廊坊大捷等胜利。

（2）爱国官兵的反侵略斗争：

鸦片战争期间，广东水师提督关天培战死虎门，江南提督陈化成在吴淞口炮台以身殉国，副都统海龄在镇江战死疆场。第二次鸦片战争时期，提督史荣椿、乐善战死于天津大沽口炮台。中法战争期间，督办台湾事务大臣刘铭传击退敌军。法舰炮轰浙江镇海炮台，也被击退，冯子材率领军民取得镇南关大捷，在中日甲午战争中，爱国将士浴血奋战，左宝贵战死于平壤，致远号管带邓世昌，经远号管带林永升在黄海战斗中英勇牺牲，北洋舰队统帅丁汝昌、定远舰管带刘步蟾在威海战斗中为国捐躯。

（3）近代中国人民包括统治阶级的爱国人物在反对外来侵略的斗争中表现出来的爱国精神，铸就了中华民族之魂。正是由于中国人民前仆后继，英勇斗争，才使我们的国家和民族历经劫难、屡遭侵略而永不灭亡。

11. 旧民主主义革命时期，中国人民反侵略斗争失败的主要原因是什么？

自 1840 年至 1919 年，中国人民为反对外来侵略进行了英勇斗争，但这些斗争都失败了，究其原因：一是社会制度的腐败，二是经济技术的落后，而前者是最根本的原因。

12. 19 世纪末帝国主义列强不能灭亡和瓜分中国的根本原因是什么？

列强不能灭亡和瓜分中国的最根本原因是中国人民进行了不屈不挠的反侵略斗争。在义和团反帝爱国运动期间，中国人民以其不畏强暴，敢与敌人血战到底的气概，打击了侵略者，使他们不敢为所欲为地瓜分中国。这一点连侵略者也承认，八国联军统帅瓦德西在给德皇威廉二世的报告中称，中国人有四万万之众，且"彼等在实际上，尚含有无限蓬勃生气"。"无论欧、美、日本各国，皆无此脑力与兵力，可以统治此天下生灵四分之一也"。"故瓜分一事，实为下策"。可见粉碎外国列强瓜分中国和灭亡中国的图谋的真正原因在于，中华民族为反侵略进行前仆后继、视死如归的战斗。

13. 严复翻译的《天演论》的主要思想及意义是什么？

严复翻译的《天演论》用"物竞天择，适者生存"的社会进化论思想，激发人们的危机意识和民族意识，他大声疾呼，世界上一切民族都在为生存而竞争，中华民族也不能例外，中国如果不能自强，就会："弱者先绝"，亡国灭种，失去民族生存的权利。

这些言论对中国人民起到了振聋发聩的作用。

14. 中日甲午战争后，严复提出的救亡思想的主要内容是什么？

严复在《救亡决论》一文中提出了"救亡"的口号，他翻译了《天演论》，提出"物竞天择"、"适者生存"的社会进化论思想，激发人们的危机意识和民族意识，他疾呼，世界上一切民族都 在为生存而竞争，中华民族也不能例外，中国如果不能自强，就会亡国灭种，失去民族生存的权利。

五、选择题答案

（一）单项选择题答案

1. A	2. C	3. B	4. A	5. D
6. A	7. B	8. A	9. B	10. C
11. C	12. B	13. C	14. B	15. C

16. B   17. D   18. B   19. D   20. C
21. B   22. A   23. C   24. B   25. D
26. B   27. C   28. A   29. A   30. C
31. B   32. B   33. A   34. C   35. C
36. B   37. B   38. B   39. A   40. D
41. B   42. D   43. C   44. C   45. B

（二）多项选择题答案

1. ABCD   2. ACD   3. ACD   4. ABCD   5. AB
6. ABCD   7. ABC   8. BD   9. ABCD   10. AB
11. CD   12. AC   13. ABC 14. ACD   15. ABCD
16. ABC   17. AB

第二章　对国家出路的早期探索

一、学习目的和要求

1. 了解太平天国农民战争的历程，认识其历史意义及失败的原因和教训。

2. 了解洋务新政的兴办，把握洋务运动的历史作用以及失败的原因。

3. 了解戊戌维新运动的兴起，领会维新运动的历史意义以及失败的原因和教训。

二、单项选择题（在每小题的四个备选项中选出一个正确答案，并将正确答案的代码填写在题后的括号内）

1. 1851 年，中国爆发的一场伟大的农民战争是　　　（　　）
    A. 三元里人民抗英斗争
    B. 太平天国
    C. 台湾高山族人民的抗日斗争
    D. 义和团运动

2. 太平天国农民战争爆发的根本原因是　　　（　　）
    A. 帝国主义入侵造成严重的民族危机

  B. 广西地区连年自然灾害，农民无法生活

  C. 封建专制政权和地主阶级对农民的政治压迫和经济剥削

  D. 五口通商后，民族经济萎缩大批城镇工人失业

3. 洪秀全在广西发动金田起义的时间是　　　　　　　（　　）

  A. 1851 年　　　　　　　　B. 1853 年

  C. 1856 年　　　　　　　　D. 1864 年

4. 太平天国农民起义爆发的时间是　　　　　　　　　（　　）

  A. 1851 年　　　　　　　　B. 1853 年

  C. 1856 年　　　　　　　　D. 1864 年

5. 太平天国农民战争爆发的标志是　　　　　　　　　（　　）

  A. 金田起义　　　　　　　B. 永安建制

  C. 长沙战役　　　　　　　D. 南京定都

6. 1853 年 3 月，太平天国攻克南京定为首都，改名为

  　　　　　　　　　　　　　　　　　　　　　　（　　）

  A. 江宁　　　　　　　　　B. 建业

  C. 天京　　　　　　　　　D. 金陵

7. 1853 年，太平天国定都天京后颁布的纲领性文件是

  　　　　　　　　　　　　　　　　　　　　　　（　　）

  A.《原道觉世训》　　　　B.《十款天条》

  C.《天朝田亩制度》　　　D.《资政新篇》

8. 最能体现太平天国社会理想和这次农民战争特点的纲领性文件是　　　　　　　　　　　　　　　　　　　（　　）

  A.《原道救世歌》　　　　B.《原道醒世训》

  C.《十款天条》　　　　　D.《天朝田亩制度》

9. 1856 年上半年，太平天国在军事上达到全盛时期，但也有军事上的失利，失利是指　　　　　　　　　　（　　）

    A. 东征   B. 西征

    C. 北伐   D. 天京城外的破围战

10. 中国近代史上第一个具有资本主义色彩的改革方案是

                                                  （   ）

    A.《海国图志》   B.《救亡决论》

    C.《天朝田亩制度》   D.《资政新篇》

11. 太平天国后期，提出《资政新篇》这一具有资本主义色彩改革方案的是   （   ）

    A. 洪秀全   B. 杨秀清

    C. 洪仁玕   D. 石达开

12. 太平天国由盛转衰的转折点是   （   ）

    A. 长沙战役   B. 安庆失守

    C. 天京事变   D. 北伐受挫

13. 太平天国被中外反动势力联合绞杀，失败的时间是

                                                    （   ）

    A. 1860 年   B. 1861 年

    C. 1863 年   D. 1864 年

14. 中国旧式农民战争的最高峰是   （   ）

    A. 黄巢起义   B. 太平天国

    C. 义和团运动   D. 湘南农民起义

15. 19 世纪 60 年代，清朝统治集团中倡导洋务运动的首脑人物是   （   ）

    A. 奕䜣   B. 桂良

    C. 曾国藩   D. 李鸿章

16. 1861 年，清政府设立的掌管洋务的机关是 （   ）

    A. 江南制造总局   B. 京师同文馆

    C. 总理各国事务衙门 D. 外务部

17. 最早对兴办洋务的指导思想作出完整表述的人是（　　）

    A. 冯桂芬   B. 马建忠

    C. 王韬   D. 郑观应

18. 洋务派创办洋务事业的指导思想是   （　　）

    A. 师夷长技以制夷

    B. 中学为体，西学为用

    C. 物竞天择，适者生存

    D. 变法图强

19. 洋务派举办军事工业的首要目的是   （　　）

    A. 加强海防   B. 加强边防

    C. 抵御外国侵略   D. 镇压太平天国起义

20. 19 世纪 60 年代，洋务派最早从事的洋务事业是（　　）

    A. 举办民用工业   B. 创立新式学堂

    C. 派遣留学生   D. 开设军用工业

21. 洋务派创办的第一个规模较大的近代军事工业是（　　）

    A. 江南制造总局   B. 金陵机器局

    C. 马尾船政局   D. 天津机器局

22. 中国近代海军的建立是在   （　　）

    A. 第一次鸦片战争时期

    B. 第二次鸦片战争时期

    C. 洋务运动时期

    D. 中日甲午战争时期

23. 洋务派建成的新式海军中的主力是   （　　）

    A. 福建水师   B. 广东水师

    C. 南洋水师   D. 北洋水师

24. 由李鸿章管辖属于清政府海军主力的是   （　　）

    A. 福建水师   B. 北洋水师

    C. 广东水师   D. 南洋水师

25. 洋务运动时期最早创办的翻译学堂是　　　　　（　　）

　　A. 京师同文馆　　　　　　B. 广方言馆

　　C. 译书局　　　　　　　　D. 译书馆

26. 近代中国派遣第一批留学生是在　　　　　　（　　）

　　A. 洋务运动时期　　　　　B. 戊戌维新时期

　　C. 清末"新政"时期　　　　D. 辛亥革命时期

27. 标志着洋务运动的失败是　　　　　　　　　（　　）

　　A. 福建水师全军覆没

　　B. 北洋水师全军覆没

　　C. 南洋水师全军覆没

　　D. 广东水师全军覆没

28. 戊戌维新运动发生在　　　　　　　　　　　（　　）

　　A. 鸦片战争后　　　　　　B. 中法战争后

　　C. 中日甲午战争后　　　　D. 八国联军侵华战争后

29. 1895 年康有为联合在京参加会试的举人共同向皇帝上书，史称　　　　　　　　　　　　　　（　　）

　　A.《致皇帝书》　　　　　　B.《公车上书》

　　C.《致皇帝公开信》　　　　D.《致皇帝实行君立立宪事》

30. 举国注目的倡导维新运动的旗手是　　　　　（　　）

　　A. 梁启超　　　　　　　　B. 康有为

　　C. 谭嗣同　　　　　　　　D. 严复

31. 谭嗣同在戊戌维新时期撰写的宣传变法维新主张的著作是　　　　　　　　　　　　　　　　（　　）

　　A.《新学伪经考》　　　　　B.《变法通义》

　　C.《日本变法政考》　　　　D.《仁学》

32. 戊戌维新时期，维新派在上海创办的影响较大的报刊是　　　　　　　　　　　　　　　　　（　　）

　　A.《时务报》　　　　　　　B.《国闻报》

C.《湘报》　　　　　　　D.《万国公报》

33. 戊戌维新时期，梁启超曾任主笔的报纸是　　　（　　）

　　A.《时务报》　　　　　B.《万国公报》

　　C.《国闻报》　　　　　D.《湘报》

34. 1898 年，张之洞发表的对抗维新变法的著作是　（　　）

　　A.《新学伪经考》　　　B.《孔子改制考》

　　C.《仁学》　　　　　　D.《劝学篇》

35. 严复将英国人赫胥黎《进化与伦理》的前两章翻译为

　　　　　　　　　　　　　　　　　　　　　　（　　）

　　A.《天演论》　　　　　B.《穆勒名学》

　　C.《原富》　　　　　　D.《法意》

36. 19 世纪末，梁启超撰写的宣传变法维新主张的著作是

　　　　　　　　　　　　　　　　　　　　　　（　　）

　　A.《新学伪经考》　　　B.《人类公理》

　　C.《仁学》　　　　　　D.《变法通义》

37. 从 1898 年 6 月 11 日到 9 月 21 日，光绪帝颁布了一系列变法上谕，史称　　　　　　　　　　　　（　　）

　　A. 戊戌维新运动　　　　B. 维新救亡运动

　　C. 百日维新　　　　　　D. 爱国救亡运动

38. 在中国近代史上，资产阶级思想与封建主义思想的第一次正面交锋是　　　　　　　　　　　　　（　　）

　　A. 维新派与守旧派的论战

　　B. 洋务派与维新派的论战

　　C. 革命派与改良派的论战

　　D. 洋务派与顽固派的论战

39. 戊戌失败后，新政大部被废除，保留下来的只有（　　）

　　A. 农工商总局

　　B. 京师大学堂和各地新式学堂

C. 铁路矿务总局

D. 农会

40. 标志着中国民族资产阶级开始登上政治舞台的运动是

( )

A. 洋务运动   B. 戊戌维新运动

C. 国会请愿运动   D. 保路运动

三、多项选择题 （在每小题四个备选项中，至少有两个是符合题目要求的，请将其代码填写在题后的括号内）

1. 洪秀全撰写的具有朴素平等观念，后来成为太平天国农民战争思想基础的书是 （ ）

A.《原道救世歌》   B.《原道醒世训》

C.《原道觉世训》   D.《资政新篇》

2. 1851 年 9 月，太平军攻占永安，在永安封王建制，杨秀清被封为东王，节制其他诸王，其他诸王有 （ ）

A. 西王萧朝贵   B. 南王冯云山

C. 北王韦昌辉   D. 翼王石达开

3.《天朝田亩制度》确立了土地分配的方案，内容有（ ）

A. 原则是"凡天下田，天下人同耕"

B. 田地分为 9 等，好坏搭配

C. 按人口平均分配

D. 16 岁以上分一整份，16 岁以下分一半

4. 太平天国领导人希望通过《天朝田亩制度》的实施达到

( )

A. "有田同耕，有饭同食"

B. "有衣同穿，有钱同使"

C. "无处不均匀"

D. "无人不饱暖"

5. 太平天国定都天京后，进行的重大战事包括 （ ）

    A. 攻克永安   B. 北伐

    C. 西征   D. 天京城外破围战

6. 1853 年定都天京后，太平天国先后颁布的重要文件有

                                                 （ ）

    A. 《原道觉世训》   B. 《十款天条》

    C. 《天朝田亩制度》   D. 《资政新篇》

7. 对《资政新篇》的评价正确的包括 （ ）

    A. 带有鲜明的资本主义色彩的改革与建设方案

    B. 未涉及农民问题

    C. 缺乏实施的阶级基础和社会条件

    D. 未涉及土地问题

8. 天京事变是太平天国统治集团之间的内讧，大大削弱了领导和军事力量，事变中 （ ）

    A. 东王杨秀清被杀   B. 翼王石达开迫走

    C. 北王韦昌辉被杀   D. 英王陈玉成出走

9. 1856 年天京事变发生后，洪秀全为挽救危局而提拔的年轻将领有 （ ）

    A. 萧朝贵   B. 韦昌辉

    C. 陈玉成   D. 李秀成

10. 太平天国农民战争失败的主要原因是 （ ）

    A. 没有先进阶级的领导

    B. 没有科学理论的指导

    C. 缺乏广泛的群众基础

    D. 缺乏对外国列强的清醒认识

11. 第二次鸦片战争后，封建统治阶级中提出洋务的代表人物包括 （ ）

    A. 奕䜣   B. 曾国藩

C. 李鸿章　　　　　　　　D. 左宗棠

12. 举办洋务的重要基地的　　　　　　　　　（　　）

    A. 南京　　　　　　　　　B. 天津

    C. 上海　　　　　　　　　D. 福州

13. 19 世纪 70 年代后，洋务派兴办的官督商办的企业有

                                       （　　）

    A. 轮船招商局　　　　　　B. 开平矿务局

    C. 天津电报局　　　　　　D. 上海机器织布局

14. 洋务派举办民用企业的目的是　　　　　（　　）

    A. 解决办军事工业煤铁等原料的需求

    B. 交通运输的需要

    C. 以民用企业的利润弥补军用工业的亏空

    D. 打着"求富"的招牌稍分洋商之利

15. 从 19 世纪 60 年代到 90 年代，洋务派举办的洋务事业主要有　　　　　　　　　　　　　　（　　）

    A. 兴办近代工业

    B. 建立新式海军

    C. 推行预备立宪

    D. 创办新式学堂和派遣留学生

16. 洋务运动时期，最早创办的翻译学堂是　（　　）

    A. 同文馆　　　　　　　　B. 译书局

    C. 译书馆　　　　　　　　D. 广方言馆

17. 到 19 世纪 90 年代，清政府建成的新式海军有　（　　）

    A. 福建水师　　　　　　　B. 南洋水师

    C. 北洋水师　　　　　　　D. 广东水师

18. 维新派维新变法的活动有　　　　　　　（　　）

    A. 向皇帝上书

    B. 著书立说

C. 介绍外国的变法

D. 办学会，办报纸，设学堂

19. 19 世纪 90 年代，康有为发表的宣传变法维新主张的著作有 　　　　　　　　　　　　　　　（　　）

A.《新学伪经考》　　　　B.《孔子改制考》

C.《人类公理》　　　　　D.《变法通义》

20. 19 世纪 90 年代，资产阶级维新派创办的学会主要有 　　　　　　　　　　　　　　　　　　　　（　　）

A. 兴中会　　　　　　　B. 强学会

C. 南学会　　　　　　　D. 保国会

21. 维新派办的影响较大的报纸有 （　　）

A. 上海《时务报》　　　B. 天津《国闻报》

C. 湖北《鄂报》　　　　D. 湖南《湘报》

22. 19 世纪 90 年代，资产阶级维新派与封建守旧派论战的主要问题是 　　　　　　　　　　　　　　（　　）

A. 要不要变法

B. 要不要实行君主立宪

C. 要不要实行民主共和

D. 要不要改科举和兴学堂

23. 对"百日维新"新政的评价是 （　　）

A. 有利于中国资本主义的发展和资产阶级先进文化的传播

B. 给开明绅士和民族资产阶级提供了参与政治的机会

C. 一定程度上打击了封建官僚制度

D. 没有提到"君主立宪"，改革很不彻底

24. 1898 年，被杀于菜市口的戊戌六君子除谭嗣同、康广仁外还有 　　　　　　　　　　　　　　　（　　）

A. 刘光第　　　　　　　B. 林旭

C. 杨锐　　　　　　　　D. 杨深秀

四、问答题

1. 《天朝田亩制度》的土地分配方案及其意义是什么?

《天朝田亩制度》确立了平均分配土地的方案,田地分为 9 等,好坏搭配,按人口平均分配,16 岁以下减半。

《天朝田亩制度》是一个以解决土地问题为中心的较完整的社会改革方案,代表了农民要求平均分配土地的强烈愿望。反映了农民反对封建土地所有制的普遍要求。

2. 《资政新篇》的主要内容及其性质是什么?

它的主要内容是:

在政治上,主张"禁朋党之弊"加强中央集权,学习西方,制定法律、制度。

在经济方面,主张发展近代工矿、交通、邮政、金融等事业;吸收外国的科学技术,奖励科学发明和机器制造,提出"准富者请人雇工"即提倡资本主义的雇佣劳动制。

在思想文化方面,提出设新闻官,设"暗柜"用以监督官员,改革弊政;主张革除缠足、溺婴等社会陋习,提倡兴办学校、医院和社会福利事业。

在外交方面,主张同世界各国交往、通商,强调允许外国人为天国献策,但不得毁谤国法。

《资政新篇》是一个带有鲜明的资本主义色彩的改革与建设方案。但未涉及农民问题和土地问题。

3. 如何认识太平天国农民战争的意义?

第一,它沉重打击了封建统治阶级,强烈撼动了清政府的统治根基。特别是它坚持 14 年之久,革命势力扩展到 18 个省,这是以往历次农民起义都比不上的。

第二,它是旧式中国农民战争的最高峰,具有不同于以往农民战争的新特点。特别是它颁布了《天朝田亩制度》，比较完整地表达了千百年来农民对土地的渴望；《资政新篇》则是中国近代史上第一个具有资本主义色彩的改革方案。

第三，它对儒家经典给以严厉的批判，一定程度上削弱了封建统治的精神支柱。

第四，它有力地打击了外国侵略势力。

第五，它和其他亚洲国家的民族解放运动汇合在一起，冲击了西方殖民主义在亚洲的统治。

4. 太平天国农民战争失败的原因和教训。

太平天国农民战争失败的根本原因：

（1）缺乏先进的阶级的领导，农民阶级不是新的生产力和生产关系的代表。既不能提出完整正确的政治纲领和社会改革方案，也无法长期保持领导集团的团结，无法制止统治集团内部腐化现象的滋生。

（2）太平天国的失败还在于，没有科学理论的指导。太平天国是以拜上帝教来发动组织群众的。拜上帝教教义，不是科学的思想理论，不仅不能正确指导斗争，而且也无法维持内部长久的团结，太平天国也不能正确对待传统文化。

（3）太平天国领导人，笼统地把信奉上帝的西方人都称"洋兄弟"，说明他们对外国资本主义列强侵华野心的警惕性非常不够，缺乏理性认识。

教训：太平天国农民战争的发生和失败表明，在半殖民地半封建社会，农民具有伟大的革命力量，但它不能担负起领导反帝反封建斗争取得胜利的重任。

5. 中国近代洋务运动的历史作用是什么？

第一，在客观上促进了中国早期工业和民族资本主义的发展。洋务派集中力量优先发展军事工业，同时也发展若干民用企业，在客观上促进了早期工业和民族资本主义的发展。

第二，成为中国近代教育的开端。为了培养新式外交、军事、科技人才，洋务派开办了一批新式学堂，派出了最早的官派留学生，这是近代教育的开始。

第三，传播了新知识，打开了人们的眼界。洋务派翻译了一批西学的书籍，介绍西方近代的科学文化知识，给当时的中国带来新知识、新学问，开阔了人们的眼界。

第四，引起了社会风气和价值观念的变化。随着洋务运动的兴起和资本主义生产方式的出现，传统的价值观念也受到冲击，社会风气也有所改变，这就有利于资本主义的发展。

6. **洋务运动失败的原因是什么**？

第一，洋务运动具有封建性。

第二，洋务运动对西方列强具有依赖性。

第三，洋务派的企业管理具有腐朽性。

此外，清朝统治集团中顽固势力的多方阻挠。

7. 19 世纪末维新派与守旧派论战的主要问题及其意义。

维新派与守旧派论战的主要问题是：

第一，要不要变法。

第二，要不要兴民权、设议院，实行君主立宪。

第三，要不要废八股、改科举和兴学堂。

维新派与守旧派的论战，实质上是资产阶级思想与封建主义思想在中国的第一次交锋，这次论战，为维新变法运动作了思想舆论的准备。

8. **戊戌维新运动的历史意义是什么**？

第一，戊戌维新运动是一次爱国救亡运动。维新派在民族危亡的紧要关头，发起了变法图存，维护民族独立和发展资本主义的救国运动，反映了时代的要求。

第二，戊戌维新运动是一场资产阶级性质的政治改革运动，维新派冲破了洋务派"中体西用"的思想局限，主张建立君主立宪制，在一定程度上冲击了封建专制制度。

第三，戊戌维新运动是一场思想启蒙运动。维新派大力传播西方的社会政治学说，批判封建君权和封建纲常伦理，有利于民主主义思想的传播。

第四，维新派主张革除吸食鸦片及妇女缠足等陋习，对改革社会风气起了积极作用。

9. 19 世纪末维新派对封建主义妥协的主要表现。

第一，在政治上，维新派不敢根本否定封建君主制度，而是幻想通过和平、合法手段实现君主立宪制。

第二，经济上，维新派要求发展民族资本主义，但却没有触及封建主义的经济基础——封建土地所有制。

第三，在思想上，维新派提倡学习西方，但却仍借古代圣贤孔子之名来"托古改制"。

10. 戊戌维新运动失败的原因。

戊戌维新失败的主要原因在于维新派自身的局限和以慈禧太后为首的强大的守旧势力的反对。

当时，中国民族资本主义经济力量十分弱小，民族资产阶级的社会基础相当狭窄，远不是封建势力的对手。民族资产阶级的政治代表维新派虽然广泛地进行了变法维新的舆论动员，但所争取到的有力支持者甚少，只有不掌握实权的皇帝和少数帝党官僚。维新派既无严密的组织，又不掌握军队，也没有发动群众的支持，把希望完全寄托在一个没有实权的皇帝身上，其结果只能是失败。

戊戌维新是中国民族资产阶级登上政治舞台的第一次表演，显示了民族资产阶级及其知识分子的政治朝气，表达了这一新兴阶级的政治追求。戊戌维新以悲剧性的失败而告终，不仅暴露出这个阶级的软弱性。同时也说明在半殖民地半封建的中国，企图通过统治者进行自上而下的改良道路是行不通的，要实现国家的独立、民主、富强，必须采取革命的手段。"戊戌六君子"血的教训促使一部分人放弃了改良主义的主张，开始走上革命的道路。

五、选择题答案

（一）单项选择题答案

1．B	2．C	3．A	4．A	5．A
6．C	7．C	8．D	9．C	10．D
11．C	12．C	13．D	14．B	15．A
16．C	17．A	18．B	19．D	20．D
21．A	22．C	23．D	24．B	25．A
26．A	27．B	28．C	29．B	30．B
31．D	32．A	33．A	34．D	35．A
36．D	37．C	38．A	39．B	40．B

（二）多项选择题答案

1．ABC	2．ABCD	3．ABCD	4．ABCD	5．BCD
6．CD	7．ABCD	8．ABC	9．CD	10．ABD
11．ABCD	12．BC	13．ABCD	14．ABC	15．ABD
16．AD	17．ABCD	18．ABCD	19．ABC	20．BCD
21．ABD	22．ABD	23．ABCD	24．ABCD	

第三章　辛亥革命

一、学习目的和要求

1. 了解辛亥革命爆发的社会历史条件，领会三民主义学说，分析革命派与改良派的论战的内容与结局。

2. 把握中华民国南京临时政府的性质，认识辛亥革命胜利的历史意义，分析辛亥革命失败的原因。

3. 了解北洋军阀的统治，领会孙中山反对北洋军阀的斗争，认识旧民主主义革命的终结，懂得资产阶级共和国的方案在中国行不通。

二、单项选择题 (在每小题的四个备选项中，选出一个正确答案，并将正确答案的代码填写在题后的括号内)

1. 标志着以慈禧太后为首的清政府甘心成为"洋人朝廷"的条约是　　　　　　　　　　　　　　　　　　　（　　）

    A.《南京条约》　　　　　B.《天津条约》

    C.《马关条约》　　　　　D.《辛丑条约》

2. 1904 年至 1905 年，为争夺在华利益而在中国东北进行战争的帝国主义国家是　　　　　　　　　　　　（　　）

    A. 美国与俄国　　　　　B. 美国与英国

    C.　英国与日本　　　　　　D.　日本与俄国

3.　清朝政府宣布实行"新政"的时间是　　　　　　（　　）

    A.　1901 年　　　　　　　　B.　1906 年

    C.　1908 年　　　　　　　　D.　1911 年

4.　我国的科举制度正式废除于　　　　　　　　　（　　）

    A.　1905 年　　　　　　　　B.　1906 年

    C.　1907 年　　　　　　　　D.　1908 年

5.　1906 年清政府宣布"预备仿行宪政"，1908 年颁布了一部宪法是　　　　　　　　　　　　　　　　　（　　）

    A.　《大清宪法大纲》　　　　B.　《钦定宪法大纲》

    C.　《大清宪法草稿》　　　　D.　《钦定宪法大纲草稿》

6.　辛亥革命时期，资产阶级革命派的阶级基础是　（　　）

    A.　买办资产阶级　　　　　　B.　官僚资产阶级

    C.　城市小资产阶级　　　　　D.　民族资产阶级

7.　近代中国历史上第一个资产阶级革命组织是　　（　　）

    A.　兴中会　　　　　　　　　B.　中国同盟会

    C.　华兴会　　　　　　　　　D.　光复会

8.　1894 年，孙中山在檀香山建立的资产阶级革命组织是

    　　　　　　　　　　　　　　　　　　　　（　　）

    A.　兴中会　　　　　　　　　B.　华兴会

    C.　光复会　　　　　　　　　D.　岳王会

9.　1895 年春，兴中会设总部于　　　　　　　　　（　　）

    A.　檀香山　　　　　　　　　B.　东京

    C.　香港　　　　　　　　　　D.　河内

10.　1904 年，孙中山指出只有推翻清政府建立"中华民国"才能真正解决中国的问题的著作是　　　　　　　（　　）

    A.　《告全国同胞书》　　　　B.　《民报》发刊词

    C.　《中国问题的真解决》　　D.　《20 世纪之支那》

11. 20 世纪初，邹容发表的宣传民主革命思想的著作是
（　　）

    A.《驳康有为论革命书》   B.《革命军》

    C.《警世钟》   D.《猛回头》

12. 20 世纪初，在民主革命思想传播中发表《驳康有为论革命书》的是
（　　）

    A. 邹容   B. 章炳麟

    C. 陈天华   D. 严复

13. 20 世纪初，在民主革命思想传播中发表《警世钟》的是
（　　）

    A. 章炳麟   B. 邹容

    C. 陈天华   D. 孙中山

14. 近代中国历史上第一个全国性的资产阶级革命政党是
（　　）

    A. 兴中会   B. 中国同盟会

    C. 中华革命党   D. 中国国民党

15. 1905 年，中国同盟会成立后的机关报是
（　　）

    A.《时务报》   B.《国闻报》

    C.《新民丛报》   D.《民报》

16. 1905 年 11 月，登载孙中山论述三民主义学说的报刊是
（　　）

    A.《时务报》   B.《二十世纪之支那》

    C.《民报》   D.《苏报》

17. 中国资产阶级的民主革命进入到一个新阶段的标志是
（　　）

    A. 兴中会的成立

    B. 中国同盟会的成立

    C. 中华革命党的成立

　　D. 中国国民党的成立

18. 中国近代史上第一个比较完备的民主革命纲领是（　　）

　　A.《建国大纲》　　　　　　B.《三民主义学说》

　　C.《五权宪法》　　　　　　D.《同盟会宣言》

19. 1905 年至 1907 年，资产阶级革命派与改良派论战的焦点是　　　　　　　　　　　　　　　　　　　　　　（　　）

　　A. 要不要打倒列强

　　B. 要不要实行共和

　　C. 要不要以革命手段推翻清政府

　　D. 要不要废科举、兴学堂

20. 1911 年 4 月，资产阶级革命派发动的武装起义是　　　　　　　　　　　　　　　　　　　　　　　　　　（　　）

　　A. 广州起义　　　　　　　　B. 惠州起义

　　C. 护国战争　　　　　　　　D. 护法战争

21. 1911 年 4 月，资产阶级革命派在黄兴带领下举行了　　　　　　　　　　　　　　　　　　　　　　　　　　（　　）

　　A. 惠州起义　　　　　　　　B. 黄花岗起义

　　C. 护国战争　　　　　　　　D. 护法战争

22. 1911 年夏，湖北、湖南、广东和四川爆发性的民众运动是　　　　　　　　　　　　　　　　　　　　　　（　　）

　　A. 拒俄运动　　　　　　　　B. 拒法运动

　　C. 保路运动　　　　　　　　D. 立宪运动

23. 武昌起义前夕，在保路运动中规模最大，斗争最激烈的省份是　　　　　　　　　　　　　　　　　　　　（　　）

　　A. 湖南　　　　　　　　　　B. 湖北

　　C. 广东　　　　　　　　　　D. 四川

24. 辛亥革命开始的标志是　　　　　　　　　　（　　）

　　A. 广州起义　　　　　　　　B. 黄花岗起义

C. 广西起义　　　　　　　D. 武昌起义

25. 1911 年 10 月，资产阶级革命派发动了将革命推向高潮的是　　　　　　　　　　　　　　　　　　（　　）

　　A. 惠州起义　　　　　　　B. 河口起义

　　C. 广州起义　　　　　　　D. 武昌起义

26. 武昌起义胜利后被推举为湖北军政府都督的是（　　）

　　A. 黄兴　　　　　　　　　B. 黎元洪

　　C. 孙中山　　　　　　　　D. 章太炎

27. 在中国延续了两千多年的封建帝制覆灭的标志是（　　）

　　A. 武昌起义

　　B. 1912 年 1 月 1 日中华民国南京临时政府成立

　　C. 1912 年 2 月 12 日清帝退位

　　D. 1915 年 6 月 6 日袁世凯死去

28. 中国历史上第一部具有资产阶级共和国宪法性质的法典是　　　　　　　　　　　　　　　　　　　（　　）

　　A.《中华民国临时约法》　B.《中华民国约法》

　　C.《钦定宪法大纲》　　　D.《总统选举法》

29. 1912 年 1 月 1 日，中华民国临时政府成立，定都
　　　　　　　　　　　　　　　　　　　　　　　（　　）

　　A. 汉口　　　　　　　　　B. 北平

　　C. 南京　　　　　　　　　D. 广州

30. 中国历史上第一次比较完全意义上的资产阶级民主革命是　　　　　　　　　　　　　　　　　　　（　　）

　　A. 洋务运动　　　　　　　B. 戊戌维新运动

　　C. 辛亥革命　　　　　　　D. 国民革命

31. 北洋军阀政府代表的是　　　　　　　　　　（　　）

　　A. 中国民族资产阶级

　　B. 地主阶级

    C. 大地主和买办资产阶级

    D. 上层小资产阶级

32. 袁世凯篡夺辛亥革命成果后，于 1914 年 5 月炮制了
                                              （   ）

    A. 《戒严法》   B. 《中华民国约法》

    C. 《钦定宪法大纲》   D. 《暂行新刑律》

33. 袁世凯为了得到日本对他复辟帝制的支持，接受日本提出的严重损害中国权益的   （   ）

    A. "善后大借款"   B. "西原借款"

    C. "二十一条"   D. "善后借款合同"

34. 1913 年 3 月，被袁世凯刺杀的是   （   ）

    A. 朱执信   B. 宋教仁

    C. 黄兴   D. 张振武

35. 袁世凯复辟帝制，举行登基大典是在   （   ）

    A. 1913 年 3 月   B. 1914 年 1 月

    C. 1915 年 1 月   D. 1916 年 1 月

36. 为反对袁世凯刺杀宋教仁和"善后大借款"，孙中山在 1913 年领导发动了   （   ）

    A. "二次革命"   B. 护国战争

    C. 护法运动   D. 北伐战争

37. "二次革命"又称之为   （   ）

    A. 赣宁之役   B. 武昌起义

    C. 萍浏醴之役   D. 钦州、防城起义

38. 1914 年 7 月，孙中山在东京正式成立了 （   ）

    A. 兴中会   B. 中国同盟会

    C. 中华革命党   D. 中国国民党

39. 1915 年 12 月 25 日，反对袁世凯称帝，宣布云南独立的是   （   ）

A. 朱德　　　　　　　　B. 刘伯承

C. 蔡锷　　　　　　　　D. 龙云

40. 1917 年，孙中山领导发动了反对北洋军阀的　　（　　）

A. "二次革命"　　　　　B. 护国运动

C. 第一次护法运动　　　D. 第二次护法运动

41. 中国资产阶级领导的旧民主主义革命终结的标志是

（　　）

A. "二次革命"的失败

B. 护国运动的失败

C. 第一次护法运动的失败

D. 第二次护法运动的失败

三、多项选择题（在每小题四个备选项中，至少有两个是符合题目要求的，请将其代码填写在题后的括号内）

1. 1904 年至 1905 年，为争夺在华利益而在我国东北进行战争的帝国主义国家是　　　　　　　　　　　　（　　）

A. 英国　　　　　　　　B. 法国

C. 日本　　　　　　　　D. 俄国

2. 1902 年至 1911 年，在我国发生的爱国运动主要有

（　　）

A. 拒俄运动　　　　　　B. 收回利权运动

C. 保路运动　　　　　　D. 抵制美货运动

3. 辛亥革命时期，孙中山领导的资产阶级革命派的骨干力量是　　　　　　　　　　　　　　　　　　（　　）

A. 资产阶级知识分子　　B. 小资产阶级知识分子

C. 民族工商业人士　　　D. 民间会党人士

4. 资产阶级革命派传播革命思想的著作有　　（　　）

A. 《革命军》　　　　　B. 《驳康有为论革命书》

C. 《警世钟》　　　　　　D. 《猛回头》

5. 20 世纪初，陈天华发表的宣传民主革命思想的著作是

（　　）

A. 《驳康有为论革命书》　B. 《革命军》

C. 《警世钟》　　　　　　D. 《猛回头》

6. 1905 年 8 月，中国同盟会制定的革命纲领是　　　（　　）

A. 驱除鞑虏　　　　　　　B. 恢复中华

C. 创立民国　　　　　　　D. 平均地权

7. 1905 年，孙中山在《民报》发刊词中，将同盟会纲领概括为 （　　）

A. 民族主义　　　　　　　B. 民主主义

C. 民权主义　　　　　　　D. 民生主义

8. 1905 年至 1907 年，资产阶级革命派与改良派论战所围绕的主要问题是 （　　）

A. 要不要以革命手段推翻清政府

B. 要不要推翻帝制、实行共和

C. 要不要变法维新

D. 要不要社会革命

9. 革命派与维新派展开论战的主要舆论阵地是　　（　·　）

A. 《国民》　　　　　　　B. 《民报》

C. 《新民丛报》　　　　　D. 《国闻报》

10. 1911 年，直接参与领导武昌起义的革命团体是 （　　）

A. 共进会　　　　　　　　B. 文学社

C. 中华革命党　　　　　　D. 中国国民党

11. 辛亥革命的历史局限性主要是　　　　　　　（　　）

A. 没有提出彻底反帝反封建的革命纲领

B. 没有坚持长期的武装斗争

C. 没有充分发动和依靠群众

D. 没有建立坚强的革命政党及其领导核心

12. 孙中山为防止袁世凯专制而提出的条件有　　（　　）

　　A. 袁世凯加入国民党　　　B. 奠都南京

　　C. 新总统到南京就职　　　D. 遵守临时约法

13. 袁世凯就任临时大总统后，破坏资产阶级民主制度的活动有　　（　　）

　　A. 强迫国会选举他为正式大总统

　　B. 解散国会，遣散议员

　　C. 炮制《中华民国约法》，用总统制取代内阁制

　　D. 修改《总统选举法》达到无限期连任，并推荐继承人

14. 1913年，资产阶级革命派发动"二次革命"的导火线是　　（　　）

　　A. 段祺瑞拒绝恢复国会

　　B. 国民党领袖宋教仁被暗杀

　　C. 袁世凯与日本签订"善后大借款"

　　D. 张勋复辟帝制

15. 1912年后，资产阶级革命派为捍卫革命成果而进行的斗争包括　　（　　）

　　A. "二次革命"　　　　　B. 护国运动

　　C. 第一次护法运动　　　D. 第二次护法运动

16. 第一次护法运动中，孙中山依靠的军阀主要有　（　　）

　　A. 陆荣廷　　　　　　　B. 陈炯明

　　C. 唐继尧　　　　　　　D. 程璧光

四、问答题

1. 清末"新政"及其破产。

《辛丑条约》签订后，清王朝为取得外国列强的信任，平息

国内日益高涨的民怨，于 1901 年 4 月，宣布"新政"。

"新政"内容：一是改革官制，设总理各国事务衙门为外务部，新设商部和巡警部。二是改革兵制，训练新军。三是改革学制，提倡新学。从 1906 年起废除科举考试。四是奖励工商，兴办实业，颁布《商律》。

1906 年宣布《预备仿行宪政》，学习日本君主立宪。

清末新政是清政府为了延续其反动统治，反而加剧了统治危机，使清政府陷入无法照旧统治的境地，最后破产。

2. 孙中山三民主义学说的主要内容及其意义。

孙中山三民主义学说的主要内容：

民族主义，包括"驱除鞑虏，恢复中华"两项内容。一是以革命手段推翻清王朝，改变它一贯推行的民族歧视和民族压迫政策；二是变"次殖民地"的中国为独立的中国。

民权主义，是"创立民国"，即推翻封建君主专制制度，建立资产阶级民主共和国。

民生主义，即"平均地权"。基本方案：核定地价，按价征税，涨价归公，按价收买。

其意义：提出了一套在中国历史上不曾有过的资产阶级共和国的建国方案。

3. 1905 年至 1907 年资产阶级革命派与改良派进行论战的意义及革命派的局限性。

意义：第一，划清了革命与改良的界限，使人们清楚地认识到实行民主革命的必要性。

第二，使资产阶级民主思想得到更加广泛的传播，促进了革命力量的壮大。

革命派的局限性：

第一，未能认清帝国主义的本质，不仅不敢提出反帝口号，反而希望帝国主义的支持。

第二，停留在对民主制度的形式理解上，缺乏对民主建政的深入认识，其方案也不十分具体和具有可操作性。

第三，未能把土地制度改革和反对封建主义联系起来，因而无法真正解决农民土地问题。

4. 1911年保路风潮发生的原因是什么？

1911年5月，清政府皇族内阁为筹集借款，宣布"铁路干线收归国有"，并将粤汉、川汉铁路的路权出卖给帝国主义，引起了湖北、湖南、广东、四川四省民众的强烈反对，一场事关民族权益和个人利益的保路运动就这样兴起了。四川省尤为强烈。

5. ·辛亥革命胜利的历史意义。

辛亥革命是一次比较完全意义上的资产阶级民主革命，是中国人民救亡图存、振兴中华的一个里程碑，具有伟大的历史意义。

第一，辛亥革命推翻了清王朝在中国的统治，沉重打击了中外反动势力在中国的统治。清王朝是封建势力的政治代表和帝国主义在中国的代理人。辛亥革命后，帝国主义和封建势力在中国再也不能建立起比较稳定的统治，从而为中国人民革命斗争的发展开辟了道路。

第二，辛亥革命宣告了封建君主专制制度的结束和民国的建立。它结束了统治中国两千多年的封建君主专制制度，建立了中国历史上第一个资产阶级共和政府，使民主共和的观念开始深入人心，形成了"敢有帝制自为者，天下共击之"的民主主义观念。

第三，辛亥革命也是一场思想解放的运动。辛亥革命开启了思想进步和民族觉醒的大门。

第四，辛亥革命促使社会经济、思想习惯和社会风俗等方面发生了新的变化，它推动了民族资本主义经济的发展，促进了社会风气的改变和人们的精神解放。

第五，辛亥革命打击了帝国主义在华势力，为亚洲各国人民的革命斗争提供了范例，推动了亚洲各国民族解放运动的高涨。

6. 辛亥革命的局限性。

由于这场革命的领导者资产阶级革命派自身的软弱性，辛亥革命的局限性，也是显而易见的。

第一，没有提出彻底反对帝国主义和反对封建主义的革命纲领。资产阶级革命派不仅没有明确的反帝纲领，甚至幻想以妥协退让来换取帝国主义的承认和支持，他们只强调反满和建立共和政体，并没有认识到反对整个封建统治阶级，致使一些汉族旧官僚、旧军官混入革命阵营，并把政权交给了同样是封建势力代表的袁世凯。

第二，没有充分发动和依靠民众。不敢依靠反封建的主力军，特别是农民群众。指责农民"行为越轨"，甚至压制人民的革命行动。正因为中国民主革命的主力军农民没有被动员起来，这个革命的根基就显得相当单薄。

第三，没有建立坚强的革命政党，发挥团结一切革命力量的强有力的核心作用。同盟会的组织松懈，派系纷杂，缺乏一个统一和稳定的领导核心。辛亥革命后，有的主张解散同盟会，有的另建党派，自立山头，正如孙中山所说：辛亥革命的失败，"非袁氏兵力之强，乃同党人心之涣"。

中国资产阶级革命派的软弱性以及由此而来的辛亥革命的局限性，使辛亥革命难以摆脱失败的命运。辛亥革命只推翻一个清朝政府，而没有推翻帝国主义和封建主义的压迫和剥削，没有完成反帝反封建的根本任务。

辛亥革命的失败表明，资产阶级共和国的方案没有能够救中国，先进中国人需要进行新的探索，为中国谋求新的出路。

7. 北洋军阀的统治。

北洋军阀是中国近代史上一个重要的军事、政治集团，从

1912 年袁世凯掌权到 1927 年张作霖逃出北京，控制中央政权达十五六年之久。

在政治上，北洋政府实行军阀官僚的专制统治。大力扩充军队、建立特务、警察系统，杀害革命党人和无辜民众。毁弃辛亥革命缔造的资产阶级民主制度。投靠帝国主义，与列强签订"善后大借款"和"二十一条"，使帝国主义进一步掠夺中国矿产资源及其他原料，公然进行帝制复辟活动。

经济上，竭力维护帝国主义、地主阶级和买办资产阶级的利益，广大人民生活在极端困苦之中。

文化思想上，尊孔复古，企图用封建思想遏制人民思想解放的潮流，维护其反动统治。

8. 资产阶级革命派为捍卫民主革命成果而反对北洋军阀又进行了怎样的斗争？

（1）为反对袁世凯刺杀宋教仁和"善后大借款"发动"二次革命"。

（2）组织中华革命党。"二次革命"失败后，孙中山逃亡日本。1914 年 7 月，孙中山在东京正式成立中华革命党，坚持反对袁世凯专制统治的正确方向。

（3）为反对袁世凯称帝，1915 年 12 月 15 日，蔡锷宣布云南独立，护国运动爆发。

（4）发动第一次护法运动，袁世凯死后，北洋军阀分裂，皖系段祺瑞掌握了中央政权之后，公然破坏《临时约法》，拒绝恢复国会。1917 年 7 月中旬，孙中山率领部分国会议员南下广州，发动了第一次护法运动。

（5）1919 年 11 月，孙中山将中华革命党改组为中国国民党。1920 年 11 月，孙中山重返广东恢复军政府，领导第二次护法战争。

五、选择题答案

（一）单项选择题答案

1. D	2. D	3. A	4. B	5. B
6. D	7. A	8. A	9. C	10. C
11. B	12. B	13. C	14. B	15. D
16. C	17. B	18. B	19. C	20. A
21. B	22. C	23. D	24. D	25. D
26. B	27. C	28. A	29. C	30. C
31. C	32. B	33. C	34. B	35. D
36. A	37. A	38. C	39. C	40. C
41. D				

（二）多项选择题答案

1. CD	2. ABCD	3. AB	4. ABCD	5. CD
6. ABCD	7. ACD	8. ABD	9. BC	10. AB
11. ACD	12. BCD	13. ABCD	14. BC	15. ABCD
16. AC				

第四章 开天辟地的大事变

一、学习目的和要求

1. 了解俄国十月革命对中国的影响，认识新文化运动和五四运动的历史意义，懂得五四运动是中国新民主主义革命的开端。

2. 了解五四时期马克思主义在中国的传播，把握中国先进分子为什么和怎样选择了马克思主义。

3. 认识中国共产党成立的历史条件和特点，掌握中国共产党成立的意义。

4. 了解第一次国共合作以及国民革命的兴起与高潮，认识中国共产党的成立使中国革命的面貌焕然一新。

二、单项选择题（在每小题的四个备选项中选出一个正确答案，并将正确答案的代码填写在题后的括号内）

1. 1915 年 9 月在上海创办《青年》杂志的是　　　（　　）
   A. 李大钊　　　　　　　B. 陈独秀
   C. 胡适　　　　　　　　D. 鲁迅

2. 新文化运动兴起的标志是　　　　　　　　（　　）
   A. 《新青年》杂志创办

    B. 《国民》杂志创办

    C. 《觉悟》杂志创办

    D. 《湘江评论》创办

3. 新文化运动的主要内容是   （　　）

    A. 提倡民主和科举　　　B. 宣传俄国十月革命

    C. 主张社会革命　　　　D. 反对外来侵略

4. 1918 年 5 月，鲁迅发表的第一篇白话文小说是 （　　）

    A. 《阿 Q 正传》　　　　B. 《狂人日记》

    C. 《药》　　　　　　　　D. 《孔乙己》

5. 新文化运动倡导的是   （　　）

    A. 资产阶级的民主主义

    B. 无产阶级的民主主义

    C. 小资产阶级的自由主义

    D. 农民阶级的平均主义

6. 在俄国十月革命影响下，率先在中国举起马克思主义旗帜的是   （　　）

    A. 李大钊　　　　　　　B. 李达

    C. 陈独秀　　　　　　　D. 毛泽东

7. 五四运动爆发的直接导火线是   （　　）

    A. 北洋军阀接受日本提出的"二十一条"

    B. 北洋军阀与日本签订"西原借款"合同

    C. 巴黎和会上中国外交的失败

    D. 华盛顿会议上中国外交的受挫

8. 1919 年 6 月 3 日后，五四运动主力发生的变化是（　　）

    A. 由学生转为工人　　　B. 由工人转为学生

    C. 由农民转为工人　　　D. 由工人转为农民

9. 中国近代史上第一次彻底反帝反封建的革命运动是

                                  （　　）

    A. 辛亥革命   B. 五四运动

    C. 五卅运动   D. 国民革命

10. 中国新民主主义革命的开端是   （   ）

    A. 五卅运动   B. 五四运动

    C. 一二·一运动   D. 一二·九运动

11. 李大钊发表的比较全面系统介绍马克思学说的文章是

                                          （   ）

    A.《法俄革命之比较观》

    B.《庶民的胜利》

    C.《我的马克思主义观》

    D.《马克思的历史哲学》

12. 1919 年，发表《我的马克思主义观》一文的是 （   ）

    A. 陈独秀   B. 李大钊

    C. 蔡和森   D. 杨匏安

13.《共产党宣言》第一本中文全译本的译者是 （   ）

    A. 李大钊   B. 陈独秀

    C. 陈望道   D. 毛泽东

14. 中国第一个地方共产党组织是   （   ）

    A. 上海共产主义小组   B. 北京共产主义小组

    C. 湖南共产主义小组   D. 湖北共产主义小组

15. 1920 年，陈独秀等建立的中国共产党早期组织是

                                          （   ）

    A. 北京共产主义小组   B. 上海共产主义小组

    C. 武汉共产主义小组   D. 广州共产主义小组

16. 1920 年 10 月，李大钊发起成立的中国共产党早期组织

是   （   ）

    A. 上海共产主义小组   B. 武汉共产主义小组

    C. 北京共产主义小组   D. 广州共产主义小组

17. 共产党早期组织领导的第一个产业工会是 （ ）

    A. 职工运动委员会   B. 上海印刷工会

    C. 上海纺织工会   D. 上海机器工会

18. 成为中国共产党后备力量的组织是 （ ）

    A. 上海机器工会   B. 职工运动委员会

    C. 社会主义青年团   D. 共产主义青年团

19. 中国共产党第一次全国代表大会召开的最初地点是

                                          （ ）

    A. 北京   B. 广州

    C. 嘉兴   D. 上海

20. 中国共产党正式成立的标志是 （ ）

    A. 上海共产主义小组成立

    B. 北京共产主义小组成立

    C. 湖南共产主义小组成立

    D. 党的一大召开

21. 党成立后的中心任务是 （ ）

    A. 发动农民，开展土地革命

    B. 与孙中山领导的国民党建立统一战线

    C. 开展工人运动，以共产主义精神教育工人

    D. 组织武装，推翻北洋军阀统治

22. 中共二大选举了新的中央领导机构，当选中央执行委员会委员长的是 （ ）

    A. 李大钊   B. 陈独秀

    C. 毛泽东   D. 董必武

23. 1922 年召开的中共二大第一次明确提出了 （ ）

    A. 实现共产主义的最高纲领

    B. 新民主主义革命纲领

    C. 反帝反封建的民主革命纲领

  D. 土地改革总路线

  24. 中国共产党第二次全国代表大会提出了资产阶级、小资产阶级政党从来没有采取过的革命方法是　　　　（　　）

   A. 统一战线策略

   B. 群众路线方法

   C. 武装斗争

   D. 公开工作与秘密工作相结合

  25. 1921 年 8 月，中国共产党成立的领导工人运动的机关是　　　　　　　　　　　　　　　　　　　（　　）

   A. 上海机器工会　　　　B. 北京长辛店工人俱乐部

   C. 中华全国总工会　　　D. 中国劳动组合书记部

  26. 中国共产党领导的中国工人运动第一个高潮的起点是

                 （　　）

   A. 香港海员罢工　　　　B. 安源路矿工人罢工

   C. 京汉铁路工人罢工　　D. 省港工人罢工

  27. 中国工人阶级第一次直接同帝国主义势力进行的有组织较量的是　　　　　　　　　　　　　　　　　（　　）

   A. 京汉铁路工人大罢工

   B. 香港海员罢工

   C. 开滦煤矿工人罢工

   D. 安源路矿工人罢工

  28. 1923 年 2 月，中国共产党领导的工人罢工斗争是

                 （　　）

   A. 香港海员罢工　　　　B. 安源路矿工人罢工

   C. 京汉铁路工人大罢工　D. 香港海员罢工

  29. 1921 年 9 月，在浙江省萧山县衙前村组织成立第一个农民协会的是　　　　　　　　　　　　　　　（　　）

   A. 沈定一　　　　　　　B. 彭湃

C. 阮啸仙　　　　　　　　D. 林伯渠

30. 中国共产党领导建立的第一个农民协会是在　　　（　　）

A. 浙江省萧山县　　　　　B. 广东省海丰县

C. 福建省上杭县　　　　　D. 湖南省湘潭县

31. 1923 年 6 月，中共三大集中讨论的问题是　　　（　　）

A. 工人运动问题

B. 农民运动问题

C. 国共合作建立统一战线问题

D. 进行北伐问题

32. 中国共产党确定第一次国共合作和建立革命统一战线方针的会议是　　　　　　　　　　　　　　　　　　　（　　）

A. 中共三大　　　　　　　B. 中共四大

C. 中共五大　　　　　　　D. 中共六大

33. 第一次国共合作的政治基础是　　　　　　　（　　）

A. 三民主义　　　　　　　B. 新三民主义

C. 新民主主义　　　　　　D. 社会主义

34. 1924 年，国民革命统一战线正式形成的标志是　（　　）

A. 中国国民党一大的召开

B. 中国国民党二大的召开

C. 中国共产党三大的召开

D. 中国共产党四大的召开

35. 1924 年 11 月，出任黄埔军校政治部主任的是　（　　）

A. 周恩来　　　　　　　　B. 廖仲恺

C. 邓演达　　　　　　　　D. 聂荣臻

36. 黄埔军校同一切旧式军校的根本区别是　　　（　　）

A. 共产党参与领导

B. 共产党员、青年团员起骨干作用

C. 有苏联军事顾问指导

D. 把政治教育提到和军事训练同等重要地位

37. 中国工人运动史上前所未有的壮举，对大革命的高潮形成起了重要推动作用的是　　　　　　　　　　　（　　）

　　A. 二七大罢工　　　　　　B. 省港大罢工

　　C. 安源路矿大罢工　　　　D. 开滦五矿工人大罢工

38. 第一次国共合作建立后，全国范围大革命风暴兴起的标志是　　　　　　　　　　　　　　　　　　　　　（　　）

　　A. 护法战争　　　　　　　B. 五四运动

　　C. 北伐战争　　　　　　　D. 五卅运动

39. 1925 年至 1926 年，中国工人坚持 16 个月之久的罢工斗争是　　　　　　　　　　　　　　　　　　　　（　　）

　　A. 香港海员罢工　　　　　B. 安源路矿工人罢工

　　C. 京汉铁路工人罢工　　　D. 省港大罢工

40. 1925 年 1 月召开的中国共产党第四次全国代表大会的中心议题是　　　　　　　　　　　　　　　　　　（　　）

　　A. 统一战线问题

　　B. 无产阶级领导权问题

　　C. 如何领导即将到来的革命高潮

　　D. 农民运动问题

41. 1925 年，国民政府所辖各部队统一改编为　　（　　）

　　A. 国民军　　　　　　　　B. 东征军

　　C. 国民革命军　　　　　　D. 北伐军

42. 1927 年 4 月 28 日，被奉系军阀张作霖杀害的共产党创始人是　　　　　　　　　　　　　　　　　　　（　　）

　　A. 王尽美　　　　　　　　B. 李大钊

　　C. 陈潭秋　　　　　　　　D. 瞿秋白

43. 1927 年，蒋介石在上海制造了捕杀共产党人和革命群众的　　　　　　　　　　　　　　　　　　　　　（　　）

    A. 中山舰事件   B. 整理党务案

    C. 四一二政变   D. 七一五政变

44. 1927 年汪精卫在武汉制造了屠杀共产党人和革命群众的   （   ）

    A. 中山舰事件   B. 整理党务案

    C. 四一二政变   D. 七一五政变

45. 第一次国共合作全面破裂，大革命最终失败的标志是

                                                 （   ）

    A. 蒋介石发动"四一二"政变

    B. 李济深发动"四一五"政变

    C. 许克祥发动"马日事变"

    D. 汪精卫发动"七一五"分共

三、多项选择题 （在每小题四个备选项中，至少有两个是符合题目要求的，请将其代码填写在题后的括号内）

1. 新文化运动发生的背景是   （   ）

    A. 北洋军阀用封建专制思想禁锢民众的头脑

    B. 尊孔读经的复古逆流甚嚣尘上

    C. 一部分民主主义知识分子开始从思想文化方面反思辛亥革命

    D. 三民主义学说的影响

2. 新文化运动的主要阵地是   （   ）

    A. 北京大学   B. 中山大学

    C. 《新青年》编辑部   D. 《湘江评论》编辑部

3. 1915 年兴起的新文化运动的主要内容是   （   ）

    A. 提倡民主和科举   B. 提倡白话文

    C. 提倡新文学   D. 宣传男女平等和个性解放

4. 李大钊发表的讴歌俄国十月革命的文章有   （   ）

A. 《法俄革命之比较观》

B. 《再论问题与主义》

C. 《庶民的胜利》

D. 《Bolshevism 的胜利》

5. 十月革命推动中国先进分子从资产阶级民主主义走向社会主义的原因是　　　　　　　　　（　　）

  A. 十月革命启示中国人在经济文化落后的国家也可以用社会主义思想指引自己走向解放之路

  B. 十月革命后，苏维埃俄国号召反对帝国主义，以新的平等姿态对待中国，推动了社会主义思想在中国的传播

  C. 十月革命中工人和士兵的广泛发动并由此赢得胜利的事实昭示了中国先进分子以新的方法开展革命

  D. 十月革命一声炮响，给中国送来了马克思列宁主义

6. 五四运动发生的时代条件和历史条件是　　　　（　　）

  A. 发生在俄国十月革命新开辟的世界无产阶级社会主义革命的新时代

  B. 新的社会力量的成长，民族资产阶级的力量进一步壮大

  C. 工人阶级力量的进一步壮大

  D. 新文化运动掀起的思想解放潮流

7. 五四爱国运动的参加者主要有　　　　　　　（　　）

  A. 工人阶级　　　　　　B. 农民阶级

  C. 城市小资产阶级　　　D. 民族资产阶级

8. 五四爱国运动学生诛的卖国贼是　　　　　　（　　）

  A. 曹汝霖　　　　　　　B. 章宗祥

  C. 陆宗舆　　　　　　　D. 段祺瑞

9. 1919 年的五四运动，在 6 月 3 日以后发生的重要转变是
（　　）

    A. 运动的中心由北京转到西安

    B. 运动的中心由北京转到上海

    C. 运动的主力从学生转为工人

    D. 运动的主力从学生转为农民

10. 五四运动的历史特点和意义体现在　　　　（　　）

    A. 是一次彻底反帝反封建的运动

    B. 是一场真正的群众性运动

    C. 促进了马克思主义在中国的广泛传播

    D. 是中国新民主主义革命的开端

11. 中国早期接受、宣传马克思主义的主要是　　　（　　）

    A. 新文化运动的领袖

    B. 一部分原同盟会会员、辛亥革命时期的活动家

    C. 五四运动中的左翼骨干

    D. 工人阶级中的先进分子

12. 五四时期，研究和宣传马克思主义的社团有　　（　　）

    A. 马克思主义研究会　　　B. 马克思学说研究会

    C. 新民学会　　　　　　　D. 觉悟社

13. 五四时期，宣传马克思主义的进步刊物有　　（　　）

    A. 《新青年》　　　　　　B. 《每周评论》

    C. 《觉悟》　　　　　　　D. 《星期评论》

14. 早期共产党组织成员与反马克思主义者进行的论战主要有
（　　）

    A. 同胡适围绕"问题与主义"的论战

    B. 同康有为围绕"革命与改良"的论战

    C. 同张东荪、梁启超关于社会主义的论战

    D. 同无政府主义的论战

15. 中国早期共产党组织出版的通俗工人读物有　　（　　）

　　A. 劳动界　　　　　　B. 劳动音

　　C. 劳动者　　　　　　D. 劳动与妇女

16. 中共一大选举产生中央局的成员有　　　　　（　　）

　　A. 陈独秀　　　　　　B. 李大钊

　　C. 张国焘　　　　　　D. 李达

17. 中共二大指出革命的基本动力是　　　　　　（　　）

　　A. 工人　　　　　　　B. 农民

　　C. 小资产阶级　　　　D. 民族资产阶级

18. 1922 年 9 月，领导安源路矿 1.7 万工人大罢工的是

　　　　　　　　　　　　　　　　　　　　　　（　　）

　　A. 毛泽东　　　　　　B. 刘少奇

　　C. 李立三　　　　　　D. 周恩来

19. 在 1923 年"二七惨案"中牺牲的共产党员有　（　　）

　　A. 施洋　　　　　　　B. 邓中夏

　　C. 刘华　　　　　　　D. 林祥谦

20. 1924 年 1 月，中国国民党第一次全国代表大会确立的
三大政策是　　　　　　　　　　　　　　　　（　　）

　　A. 联俄　　　　　　　B. 联美

　　C. 联共　　　　　　　D. 扶助农工

21. 改组后的国民党成为革命联盟的政党，包括的阶级有

　　　　　　　　　　　　　　　　　　　　　　（　　）

　　A. 工人阶级　　　　　B. 农民阶级

　　C. 小资产阶级　　　　D. 民族资产阶级

22. 第一次国共合作建立后，在广州先后主持农民运动讲习
所工作的共产党人是　　　　　　　　　　　　（　　）

　　A. 彭湃　　　　　　　B. 阮啸仙

　　C. 毛泽东　　　　　　D. 周恩来

23. 1925 年，中共四大在上海召开，主要内容有 （　　）

　　A. 提出了无产阶级在民主革命中的领导权

　　B. 提出了工农联盟问题

　　C. 制定了开展工农运动的计划

　　D. 决定在全国建立和加强党的组织以适应革命形势的发展的要求

24. 北伐战争直接打击的目标是 （　　）

　　A. 吴佩孚　　　　　　　B. 孙传芳

　　C. 段祺瑞　　　　　　　D. 张作霖

25. 到 1927 年春，北伐胜利进军，革命势力从珠江流域推进到 （　　）

　　A. 淮河流域　　　　　　B. 黄河流域

　　C. 长江流域　　　　　　D. 海河流域

26. 在北伐战争期间，中国人民反帝斗争取得重大胜利，收回的租界地是 （　　）

　　A. 重庆　　　　　　　　B. 九江

　　C. 汉口　　　　　　　　D. 安庆

27. 1926 年，蒋介石制造的旨在打击共产党和工农革命力量的事件是 （　　）

　　A. 商团叛乱　　　　　　B. 暗杀廖仲恺

　　C. 中山舰事件　　　　　D. 整理党务案

四、问答题

1. 新文化运动的主要内容和意义是什么？

（一）新文化运动的主要内容是提倡民主和科学。民主主要指资产阶级的民主思想和民主制度，提倡个性解放、平等自由。科学主要指自然科学，提倡以科学的精神和方法研究社会。

新文化运动还提倡白话文、新文学，主张文学革命。

（二）新文化运动具有重要的历史意义：

第一，它是资产阶级民主主义的新文化与封建主义旧文化的斗争，沉重打击了封建专制主义。

第二，启发了人们的理智和民主主义觉悟，开启了思想解放的潮流。

第三，为中国新民主主义革命创造了思想文化上的条件。

2. 为什么说新文化运动是近代中国一次伟大的思想启蒙运动？

五四前的新文化运动是一场资产阶级民主主义革命性质的思想 启蒙运动。

第一，它是资产阶级民主主义的新文化同封建主义旧文化的斗争，是辛亥革命在思想文化领域的延续，以磅礴的气势沉重打击了封建专制主义。

第二，它大力宣传了民主和科学，将人们从封建专制所造成的蒙昧中解放出来，开启了思想解放的潮流。

第三，它为中国先进分子接受马克思主义准备了适宜的土壤，为中国新民主主义革命创造了思想文化上的条件。

3. 五四以前新文化运动的局限。

由于历史条件的局限，五四以前的新文化运动也存在明显的缺点：

第一，新文化运动的倡导者没有揭示封建专制主义得以存在的社会根源。把资产阶级共和国方案的失败的根本原因归之于思想文化，是错误的，他们提倡的资产阶级民主主义，并不能为人们提供一种思想武器去认识中国，并有效地对中国社会进行改造。

第二，他们把改造国民性置于优先地位，但又脱离改造产生封建思想的社会环境的革命实践，没有把运动普及到工农群众中去，仅仅依靠少数人的呐喊，其目标就难以实现。

第三，他们中不少人在思想方法上存在绝对肯定或绝对否定的形式主义偏向，这种形式主义地看问题的方法，影响了这个运动后来的发展。

4. **五四运动爆发的社会历史条件。**

1919年的五四运动是在新的时代条件和社会历史条件下发生的：

第一，新的时代条件。它发生在俄国十月革命所开辟的世界无产阶级社会主义的新时代。

第二，新的社会力量的成长。第一次世界大战期间，中国的民族资本主义经济得到短暂而又迅速的发展。中国的工人阶级和民族资产阶级的力量也进一步壮大起来。1919年五四运动前夕，中国产业工人已达200万人左右，成为一支日益重要的社会力量。

第三，新文化运动掀起的思想解放潮流的推动，为五四运动准备了最初的群众基础和骨干力量。

5. **五四运动的历史特点和历史意义。**

五四运动是在新的时代和新的社会历史条件下发生的，具有以辛亥革命为代表的旧民主主义革命所不具备的历史特点和历史意义。

第一，五四运动是中国近代史上一次彻底的反帝反封建的革命运动，表现了反帝反封建的彻底性，把中国人民反帝反封建的斗争提升到一个新的水平线上。

第二，五四运动广泛地动员和组织了群众，是一场真正的群众性的革命运动，青年学生起了先锋作用，中国工人阶级开始登上政治舞台，在运动后期发挥了主力军作用。

第三，五四运动促进了马克思主义在中国的广泛传播，促进了马克思主义同中国工人运动相结合，为中国共产党的成立作了思想和干部上的准备。

第四，五四运动是中国新民主主义革命的伟大开端。五四运动发生在俄国十月革命之后，中国革命逐渐成为世界无产阶级社会主义革命的一部分。

6. 中国早期接受宣传马克思主义的三类代表人物。

一是，五四运动前新文化运动的精神领袖，其代表是李大钊、陈独秀。

二是，五四运动中的左翼骨干，其代表是毛泽东、杨匏安、蔡和森、周恩来等。

三是，一部分原中国同盟会会员，辛亥革命时期的活动家，以董必武、吴玉章、林伯渠等为代表。

7. 中国早期研究、传播马克思主义思想运动的特点是什么？

第一，重视对马克思主义基本理论的学习，明确地同第二国际的社会民主主义划清界限。中国的马克思主义运动一开始 就坚持了马克思主义的革命原则和正确方向。

第二，注意从中国的实际出发，学习、运用马克思主义的理论。中国早期马克思主义者已经在实际上初步形成了马克思主义应当与实际相结合的思想，尽管在当时还没有明确提出这个命题。

第三，开始提出知识分子应当同劳动群众相结合的思想，李大钊主张知识分子要忠于民众，作民众的先驱，要到民间去，到农村去。

8. 怎样认识中国共产党成立的历史特点。

一方面，它成立于俄国十月革命胜利，第二国际修正主义破产之后，得到列宁领导的共产国际代表的指导和帮助，是按照列宁的建党原则建立起来的。它所接受的是马克思主义的完整的科学世界观和社会革命论。

另一方面，它是在半殖民地半封建中国的工人运动基础上产生的，中国工人阶级具有坚强的革命性，不存在欧洲那种工人贵族阶层，没有社会改良主义的基础。

所以，中国共产党一开始就是一个以马克思列宁主义理论为指导思想的党，区别于第二国际社会改良主义政党的新型工人阶级革命政党。

9. **中国共产党成立的伟大意义。**

中国共产党的成立是一个"开天辟地的大事变"，它给灾难深重的中国人民带来光明与希望，具有划时代的伟大意义。

第一，它标志着中国革命终于有了一个坚强的领导核心。中国共产党不仅代表着中国工人阶级的利益，而且代表着中国人民和中华民族的利益。它的成立使中国革命有了可信赖的组织者和领导者，使中国工人阶级有了自己的司令部。

第二，中国革命从此有了一个科学的指导思想。中国共产党以马克思列宁主义基本原理观察和分析中国的问题，为中国人民指明了斗争的目标、革命的前途和走向胜利的道路。

第三，沟通了中国革命与世界革命的联系。把中华民族的解放运动同世界无产阶级革命运动相联结并成为其中一部分，使中国革命有了新的前途。

总之，正如毛泽东指出：自从有了中国共产党，中国革命的面目就焕然一新了。

10. **中国共产党第二次全国代表大会第一次明确提出了反帝反封建的民主革命纲领。**

1922 年 7 月，中共二大在上海召开。

大会宣言规定，党的最低纲领，即党在当前阶段也就是民主革命阶段的纲领：消除内乱，打倒军阀，建设国内和平；推翻国际帝国主义的压迫，达到中华民族完全独立；统一中国为真正的民主共和国。

中共二大在中国近现代史上第一次明确提出了反帝反封建的民主革命纲领，为中国革命指明了方向。

11. **中国国民党第一次全国代表大会，标志着第一次国共合作的正式形成。**

1924 年 1 月，中国国民党第一次全国代表大会在广州召开。

大会通过宣言，对三民主义作了新的阐释：民族主义突出了反对帝国主义的内容，强调对外争取中华民族的完全独立，同时主张国内各民族一律平等；民权主义，强调民权为一般平民所共有，不应为"少数人所得而私"；民生主义在"平均地权"基础上增加了"节制资本"的原则，并提出改善工农的生活状况。这样旧三民主义发展为新三民主义。新三民主义和中共在民主革命时期的纲领基本原则上是一致的，成为国共合作的政治基础和革命统一战线的共同纲领。

大会实际上确立了联俄、联共、扶助农工三大政策。

国民党一大的成功召开，标志着以第一次国共合作为基础的革命统一战线正式形成。

12. **北伐战争胜利进军的原因是什么？**

第一，国共合作的实现，革命统一战线的建立，特别是共产党员和共青团员的先锋模范作用是北伐胜利的重要原因。

第二，北伐军得到广大工农群众的大力支持。北伐战争是在反对帝国主义、反对军阀的口号下进行的正义革命战争，结束北洋军阀的黑暗统治，实现国家独立和统一是全国人民的共同愿望。

第三，北伐战争得到苏联政府的多方面援助，特别是派出军事顾问帮助北伐军制定正确的军事战略战术。

13. **1924 年至 1927 年国民革命的历史意义。**

第一，它沉重打击了帝国主义和封建主义的统治势力，中国人民的觉悟和组织程度有了明显的提高。

第二，它扩大了中国共产党在中国人民中的政治影响，宣传了党在民主革命阶段的纲领，使党积累了革命的经验。

14. **国民革命失败的原因是什么？**

客观上，一是帝国主义和中国封建势力的联合力量大大超过革命联合力量，敌我力量悬殊，二是革命统一战线内部出现剧烈分化，蒋介石、汪精卫先后分裂统一战线，制造反共政变，使革命力量遭到严重损失。

主观上，以陈独秀为首的中共中央领导机关在大革命后期犯了右倾机会主义错误，放弃了无产阶级对于农民群众、城市小资产阶级和民族资产阶级的领导权。当时中国共产党处于幼年时期，缺乏对中国社会和中国革命基本问题的深刻认识，缺乏革命经验尤其是处理同资产阶级复杂关系的经验，还不善于把马克思主义基本原理同中国革命实践结合起来。当时的中国共产党作为国际的一个支部，直接受共产国际的指导，共产国际的错误指导，对酿成陈独秀右倾机会主义错误有直接影响。

五、选择题答案

（一）单项选择题答案

1. B	2. A	3. A	4. B	5. A
6. A	7. C	8. A	9. B	10. B
11. C	12. B	13. C	14. A	15. B
16. C	17. D	18. C	19. D	20. D
21. C	22. B	23. C	24. B	25. D
26. A	27. C	28. C	29. A	30. A
31. C	32. A	33. B	34. A	35. A
36. D	37. B	38. D	39. D	40. C
41. C	42. B	43. C	44. D	45. D

（二）多项选择题答案

1．ABC　　2．AC　　　3．ABC　　4．ACD　　5．ABC

6．ABCD　7．ACD　　8．ABC　　9．BC　　　10．ABCD

11．ABC　12．ABCD　13．ABCD　14．ACD　15．ABCD

16．ACD　17．ABCD　18．ABC　19．AD　　20．ACD

21．ABCD　22．ABC　　23．ABCD　24．ABD　25．BC

26．BC　　27．CD

第五章　中国革命的新道路

一、学习目的和要求

1. 了解国民党全国政权的建立及其独裁统治，懂得中国共产党为什么要进行反抗国民党反动统治的斗争，认识中间党派的政治主张。

2. 把握中国共产党对革命新道路的艰辛探索，掌握中国革命为什么必须走以及怎样走农村包围城市的道路。

3. 认识土地革命战争的发展和挫折，懂得"左"倾教条主义的严重危害，掌握遵义会议的历史意义。

4. 了解红军长征的历史过程，认识红军长征胜利的意义。

二、单项选择题（在每小题的四个备选项中选出一个正确答案，并将正确答案的代码填写在题后的括号内）

1. 1928 年底，在东北宣布"遵守三民主义，服从国民政府，改易旗帜"的是　　　　　　　　　　（　　）

　　A. 张作霖　　　　　　　B. 张学良
　　C. 阎锡山　　　　　　　D. 杨虎城

2. 标志着国民党在形式上统一中国，在全国范围内建立了自己的统治是　　　　　　　　　　　　（　　）

    A.　1927 年 4 月 18 日蒋介石在南京另立国民政府

    B.　1927 年 9 月汪精卫到南京"宁汉合流"

    C.　1928 年 2 月国民党二届四中全会的召开

    D.　1928 年 12 月张学良宣布东北易帜

3. 1928 年 10 月，国民党中央常务委员会通过了　　（　　）

    A.《中华民国临时约法》　　B.《中华民国约法》

    C.《军政纲领》　　　　　　D.《训政纲领》

4. 国民党四大家族官僚资本的性质是　　　　　　　（　　）

    A.　私人垄断资本主义

    B.　封建的买办的国家垄断资本主义

    C.　私人资本主义

    D.　国家资本主义

5. 国民党在全国的统治建立后，官僚资本主义的垄断活动
首先和主要是　　　　　　　　　　　　　　　　（　　）

    A.　从重工业方面开始的

    B.　从商业方面开始的

    C.　从轻工业方面开始的

    D.　从金融业方面开始的

6. 国民党四大银行完成其金融垄断有决定意义的步骤是

                                    （　　）

    A.　发行国债　　　　　　　B.　发行法币

    C.　控制外汇　　　　　　　D.　控制进出口贸易

7. 1930 年 8 月，国民党民主人士邓演达领导成立的中间党
派是　　　　　　　　　　　　　　　　　　　　（　　）

    A.　中国青年党

    B.　中国民主同盟

    C.　中国国民党临时行动委员会

    D.　中华职业教育社

8. 1930 年成立的中国国民党临时行动委员会（又称第三党）其主要领导人是 （ ）

    A. 梁漱溟   B. 黄炎培

    C. 张君励   D. 邓演达

9. 1927 年，中共八七会议确定的总方针是 （ ）

    A. 推翻北洋军阀黑暗统治

    B. 开辟农村革命根据地

    C. 开展土地革命和武装斗争

    D. 建立工农民主统一战线

10. 1927 年大革命失败后，中国共产党召开的确定土地革命和武装斗争方针的会议是 （ ）

    A. 八七会议   B. 古田会议

    C. 遵义会议   D. 洛川会议

11. 毛泽东提出"须知政权是由枪杆子中取得的"著名论断是在 （ ）

    A. 中共一大   B. 中共二大

    C. 八七会议   D. 遵义会议

12. 大革命的失败到土地革命战争兴起的历史转折点是 （ ）

    A. 南昌起义   B. 广州起义

    C. 湘赣边秋收起义   D. 八七会议

13. 中国共产党独立领导革命战争和创建人民军队的开端是 （ ）

    A. 南昌起义   B. 秋收起义

    C. 平江起义   D. 百色起义

14. 成为建设共产党领导的新型人民军队的重要开端是 （ ）

    A. 南昌起义   B. 古田会议

C. 三湾改编　　　　　　　D. 井冈山会师

15. 1930 年 1 月，毛泽东进一步从理论上阐述农村包围城市，武装夺取政权理论的文章是　　　　　　　　　（　　）

　　A.《中国的红色政权为什么能够存在？》

　　B.《星星之火，可以燎原》

　　C.《井冈山的斗争》

　　D.《中国革命战争的战略问题》

16. 1930 年 1 月，毛泽东论述中国革命"以乡村为中心"思想的著作是　　　　　　　　　　　　　　　　（　　）

　　A.《井冈山的斗争》

　　B.《星星之火，可以燎原》

　　C.《反对本本主义》

　　D.《中国革命和中国共产党》

17. 毛泽东提出"中国革命斗争的胜利要靠中国同志了解中国情况"的著作是　　　　　　　　　　　　　　（　　）

　　A.《中国的红色政权为什么能够存在？》

　　B.《反对本本主义》

　　C.《井冈山的斗争》

　　D.《星星之火，可以燎原》

18. 1930 年到 1931 年，在红一方面军三次反"围剿"斗争胜利的基础上形式的是　　　　　　　　　　　　（　　）

　　A. 鄂豫皖革命根据地　　　B. 左右江革命根据地

　　C. 湘鄂西革命根据地　　　D. 中央革命根据地

19. 新民主主义革命的基本问题是　　　　　　　　（　　）

　　A. 政权问题　　　　　　　B. 农民土地问题

　　C. 军队问题　　　　　　　D. 领导权问题

20. 1928 年 12 月，毛泽东主持制定的中国共产党历史上第一个土地法是　　　　　　　　　　　　　　　（　　）

A. 《井冈山土地法》

B. 《兴国土地法》

C. 《关于清算减租及土地问题的指示》

D. 《中国土地法大纲》

21. 兴国土地法对井冈山土地法进行的一个原则性改动从而保护了中农利益的是 （　　）

A. 把土地所有权归政府改为归农民所有

B. 把"没收一切土地"改为"没收一切公共土地及地主阶级的土地"

C. 废除禁止买卖土地的规定

D. 提出了"抽多补少""抽肥补瘦"的土地分配方法

22. 《义勇军进行曲》的词作者是 （　　）

A. 田汉　　　　　　　　B. 聂耳

C. 鲁迅　　　　　　　　D. 瞿秋白

23. 1931 年 11 月，中国共产党在江西瑞金召开的重要会议是 （　　）

A. 中共六届四中全会

B. 红四军第九次党代表大会

C. 中华苏维埃第一次全国代表大会

D. 赣南会议

24. 中华苏维埃第一次全国代表大会选举的中央执行委员会主席是 （　　）

A. 张闻天　　　　　　　B. 毛泽东

C. 朱德　　　　　　　　D. 周恩来

25. 1931 年 11 月当选为中华苏维埃共和国临时中央政府主席的是 （　　）

A. 毛泽东　　　　　　　B. 周恩来

C. 张国焘　　　　　　　D. 王稼祥

26. 中华苏维埃政府实行的政治制度是　　　　　（　　）

　　A. 人民代表大会制度　　　B. 议会制度

　　C. 工农兵代表制度　　　　D. 多党合作制度

27. 1931 年 1 月至 1935 年 1 月，中国共产党内出现的主要
错误倾向是　　　　　　　　　　　　　　　　（　　）

　　A. "左"倾盲动主义　　　B. "左"倾教条主义

　　C. 右倾保守主义　　　　　D. 右倾投降主义

28. 临时中央政治局迁到中央根据地后，全面推行"左"倾
教条主义错误，在福建开展了反对　　　　　　（　　）

　　A. AB 团的斗争　　　　　B. 社会民主党的斗争

　　C. 右倾机会主义的斗争　　D. 罗明路线的斗争

29. 错误地把毛泽东排除在中央革命根据地红军领导地位之
外的会议是　　　　　　　　　　　　　　　　（　　）

　　A. 赣南会议　　　　　　　B. 宁都会议

　　C. 瑞金会议　　　　　　　D. 古田会议

30. 第五次反"围剿"失败的最主要原因是　　　　（　　）

　　A. 敌人力量十分强大

　　B. 战略战术失当

　　C. "左"倾错误的进一步发展

　　D. 红军弱小

31. 率领北上抗日先遣队的是　　　　　　　　　（　　）

　　A. 寻淮洲　　　　　　　　B. 方志敏

　　C. 粟裕　　　　　　　　　D. 刘英

32. 1934 年中国工农红军第五次反"围剿"斗争失败后，
率先开始战略转移的是　　　　　　　　　　　（　　）

　　A. 红十五军团　　　　　　B. 红一方面军

　　C. 红二方面军　　　　　　D. 红四方面军

33. 中央红军和中共中央机关开始长征的时间是　（　　）

    A. 1933 年 10 月   B. 1934 年 1 月

    C. 1934 年 10 月   D. 1935 年 1 月

34. 长征初期，博古等犯的错误是   （　　）

    A. 冒险主义   B. 保守主义

    C. 逃跑主义   D. "左"倾主义

35. 1935 年 1 月，中国共产党在红军长征途中召开了具有历史转折意义的   （　　）

    A. 古田会议   B. 遵义会议

    C. 两河口会议   D. 瓦窑堡会议

36. 1935 年 1 月，中国共产党在遵义会议上解决的主要问题是   （　　）

    A. 军事和组织问题

    B. 思想和作风问题

    C. 政治和军事问题

    D. 筹款和征兵问题

37. 遵义会议后代替博古对党总负责的是   （　　）

    A. 毛泽东   B. 周恩来

    C. 张闻天   D. 朱德

38. 遵义会议后，中共中央政治局成立了新的三人团负责红军的军事行动，其成员是   （　　）

    A. 毛泽东、朱德、周恩来

    B. 毛泽东、朱德、王稼祥

    C. 毛泽东、周恩来、王稼祥

    D. 毛泽东、张闻天、周恩来

39. 中国共产党在政治上达到成熟的时期是   （　　）

    A. 第二次国内革命战争时期

    B. 抗日战争时期

    C. 第三次国内革命战争时期

D. 新中国建立初期

40. 1935年6月，中央红军和红四方面军胜利会师的地点
是 （ ）

A. 阿坝 B. 懋功

C. 马尔康 D. 红原

41. 中央红军和红四方面军会师后，提出南下四川、西康的
是 （ ）

A. 陈昌浩 B. 张国焘

C. 程世才 D. 李特

42. 1935年10月，中央红军结束长征并同红十五军团胜利
会师于 （ ）

A. 陕北保安地区 B. 陕北吴起镇

C. 陕北瓦窑堡 D. 甘肃会宁、静宁地区

43. 1936年10月，中国工农红军三大主力胜利会师是在
（ ）

A. 四川懋功地区 B. 甘肃会宁、静宁将台堡

C. 西康甘孜地区 D. 陕北吴起镇

44. 红军胜利结束长征实现了战略大转移的标志是 （ ）

A. 红一四方面军会师

B. 红二四方面军会师

C. 红一方面军与陕北红军会师

D. 红军三大主力会师

三、多项选择题 （在每小题四个备选项中，至少有两个
是符合题目要求的，请将其代码填写在题后的括号内）

1. 在国民党统治时期，属于四大家族垄断的大银行有
（ ）

A. 中央银行 B. 中国银行

  C. 交通银行   D. 农民银行

2. 中国新民主主义革命的主要任务是反对   （ ）

  A. 帝国主义   B. 封建主义

  C. 民族资本主义   D. 官僚资本主义

3. 在国民党政权统治下，中国民族资本主义经济受到

                    （ ）

  A. 外国资本的压迫   B. 本国官僚资本的排挤

  C. 封建生产关系的束缚   D. 军阀官僚政府的压榨

4. 20世纪30年代，在中国政治舞台上影响较大的中间党
派有   （ ）

  A. 中国国民党临时行动委员会

  B. 中华职业教育社

  C. 中国青年党

  D. 中国国家社会党

5. 20世纪20—30年代活跃着的中间党派的社会基础主要
是   （ ）

  A. 民族资产阶级

  B. 上层小资产阶级及其知识分子

  C. 开明绅士

  D. 地方实力派

6. 八七会议的主要内容是   （ ）

  A. 彻底清算了陈独秀的右倾机会主义

  B. 确定了土地革命和武装斗争的方针

  C. 选出了以瞿秋白为首的中央政治局

  D. 为挽救中国革命和中国共产党作出了巨大贡献

7. 南昌起义的历史意义是   （ ）

  A. 打响了武装反抗国民党反动统治的第一枪

  B. 成为中国共产党独立领导革命战争，创建人民军队

的伟大开端

　　C. 成为武装夺取政权的伟大开端

　　D. 揭开了土地革命战争的序幕

8. 大革命失败后，中国共产党在1927年发动的武装起义是
（　　）

　　A. 南昌起义　　　　　　　B. 百色起义

　　C. 秋收起义　　　　　　　D. 广州起义

9. 同南昌起义相比，湘赣边界秋收起义的特点在于（　　）

　　A. 放弃了"左派"国民党的旗号

　　B. 公开打出了"工农革命军"的旗帜

　　C. 不仅是军队的行动而且有数量众多的工农武装参加

　　D. 有前敌委员会领导

10. "三湾改编"的主要内容是　　　　　　　　（　　）

　　A. 将原有的一个师缩编为一个团

　　B. 在部队中建立共产党各级组织

　　C. 将党支部建在连上

　　D. 成立各级士兵委员会，部队内部实行民主管理

11. 井冈山革命根据地的创建有深远的意义，表现在（　　）

　　A. 点燃了"工农武装割据"的星星之火

　　B. 为共产党领导的其他各地的起义武装树立了榜样

　　C. 成为中国共产党独立领导革命战争的伟大开端

　　D. 开辟了在敌我力量悬殊的情况下共产党深入农村保
　　　存和发展革命力量的正确道路

12. 毛泽东科学地回答了红色政权存在和发展的原因和条件
的文章是　　　　　　　　　　　　　　　　（　　）

　　A.《中国的红色政权为什么能够存在？》

　　B.《星星之火，可以燎原》

　　C.《井冈山的斗争》

D. 《反对本本主义》

13. 在半殖民地半封建的中国，红色政权存在和发展的客观条件是 （　　）

　　A. 政治经济发展极不平衡

　　B. 相当力量正式红军存在

　　C. 国民革命影响

　　D. 全国革命形势的继续向前发展

14. 在半殖民地半封建的中国，红色政权存在和发展的主观条件是 （　　）

　　A. 相当力量的正式红军的存在

　　B. 国民革命的影响

　　C. 共产党组织的坚强有力和各项政策的正确贯彻执行

　　D. 政治经济发展极不平衡

15. 1928 年，毛泽东第一次明确提出"工农武装割据"思想的著作有 （　　）

　　A.《中国的红色政权为什么能够存在？》

　　B.《井冈山的斗争》

　　C.《星星之火，可以燎原》

　　D.《反对本本主义》

16. 毛泽东提出的"工农武装割据"的基本内容包括（　　）

　　A. 统一战线　　　　　　B. 土地革命

　　C. 武装斗争　　　　　　D. 农村根据地的建设

17. 1928 年至 1930 年间，毛泽东撰写的有关中国革命道路理论的重要著作有 （　　）

　　A.《中国的红色政权为什么能够存在？》

　　B.《井冈山的斗争》

　　C.《星星之火，可以燎原》

　　D.《反对本本主义》

18. 毛泽东在《星星之火，可以燎原》一文中，对于红军、游击队和红色区域的建立和发生指出　　　　　（　　）

    A. 这是半殖民地中国在无产阶级领导下的农民斗争的最高形式

    B. 批评教条主义的错误

    C. 这是半殖民地农民斗争发展的必然结果

    D. 这是促进全国革命高潮的最重要因素

19. 从 1930 年 10 月到 1931 年 7 月，红军连续粉碎敌人三次"围剿"的原因是　　　　　　　（　　）

    A. 土地革命在根据地的开展

    B. 有毛泽东、朱德等的指挥

    C. 贯彻了积极防御的方针

    D. 实行"诱敌深入""避敌主力""打其虚弱"等一整套战术

20. 在开辟农村革命根据地的过程中，毛泽东于 1928 年和 1929 年主持制定了　　　　　　　（　　）

    A.《井冈山土地法》　　　　B.《兴国土地法》

    C.《五四指示》　　　　　　D.《中国土地法大纲》

21. 新民主主义革命时期，开展土地革命的实质就是（　　）

    A. 消灭封建地主的土地所有制

    B. 解放农村生产力

    C. 支持红军战争

    D. 实行农民的土地所有制

22. 党在第二次国内革命战争阶段，领导土地革命的阶级路线是　　　　　　　　　　　（　　）

    A. 坚决依靠贫农、雇农

    B. 保护中农、限制富农

    C. 保护中、小工商业者

D. 消灭地主阶级

23. 党在土地革命战争时期的土地分配方法是 （　）

  A. 以乡为单位   B. 按人口平均分配

  C. 抽多补少   D. 抽肥补瘦

24. 遵义会议后，中共中央政治局成立的新的军事指挥小组成员有 （　）

  A. 毛泽东   B. 朱德

  C. 周恩来   D. 王稼祥

25. 反对张国焘另立中央的有 （　）

  A. 朱德   B. 刘伯承

  C. 徐向前   D. 贺龙

26. 合编组成红二方面军的有 （　）

  A. 红二军团   B. 红三军团

  C. 红五军团   D. 红六军团

27. 领导红二方面军的将领是 （　）

  A. 贺龙   B. 刘伯承

  C. 任弼时   D. 徐向前

28. 1936 年 10 月，红二、四方面军先后同红一方面军胜利会师的地点是 （　）

  A. 陕北瓦窑堡   B. 甘肃会宁

  C. 陕北吴起镇   D. 甘肃静宁将台堡

29. 1936 年 10 月，在甘肃会宁、静宁将台堡胜利会师的红军主力有 （　）

  A. 红一方面军   B. 红十五军团

  C. 红二方面军   D. 红四方面军

30. 第二次国内革命战争时期，中国共产党经历的失败和崛起的是 （　）

  A. 大革命的失败

  B. 第五次反"围剿"的失败

  C. 人民军队，农村革命根据地的创建

  D. 红军长征的胜利

四、问答题

  1. 1927 年建立的国民党南京政权实行独裁统治的主要表现是什么？

  为了镇压人民和消灭异己力量，国民党建立了庞大的军队和全国性的特务系统。

  为了控制人民和禁止革命活动，国民党大力推行保甲制度和文化专制主义。

  2. 近代中国民族资本主义经济的特点是什么？

  第一，民族资本主义经济在国民经济中所占比重很小，始终没有成为中国社会经济的主要形式。

  第二，在民族资本中，工业资本所占比重小，商业资本和金融资本所占比重大。

  第三，民族资本主义工业主要是以纺织、食品工业为主的轻工业，缺乏重工业基础。

  第四，民族资本所经营的工业，规模小，经营分散，技术设备落后，生产率低。

  第五，民族资本主义经济和封建势力有联系。

  3. 八七会议的主要内容和意义。

  1927 年 8 月 7 日，中共中央在汉口秘密召开了紧急会议（即八七会议）。

  会议彻底清算了大革命后期陈独秀的右倾机会主义的错误，确定了土地革命和武装斗争的方针，并选出了以瞿秋白为首的中央临时政治局。

  毛泽东发言中着重阐述了农民问题和武装斗争对中国革命的

极端重要性。特别强调军事运动必须同民众运动结合起来，"以后要非常注意军事，须知政权是由枪杆子中取得的"。

八七会议给正处在思想混乱和组织涣散的中国共产党指明了出路，为挽救中国共产党和中国革命作出了巨大贡献。这是由大革命失败到土地革命战争兴起的一个历史转折点。

4. 八一南昌起义的历史意义是什么？

第一，打响了武装反抗国民党反动统治的第一枪。

第二，成为共产党独立领导革命战争，创建人民军队和武装夺取政权的伟大开端。

第三，揭开了土地革命战争的序幕。

5. "三湾改编"的主要内容及意义是什么？

三湾改编的主要内容是：将原有的一个师缩编为一个团；在部队中建立共产党各级组织，将支部建在连上，成立各级士兵委员会，部队内部实行民主管理。

意义是：成为建设共产党领导的新型人民军队的重要开端。

6. 井冈山革命根据地创建的意义。

井冈山革命根据地创建具有深远的意义。

（1）它点燃了"工农武装割据"的星星之火，为共产党领导的其他各地起义武装树立了榜样。

（2）它从实践上开辟了一条在敌我力量悬殊的情况下，共产党深入农村保存和发展革命力量的正确道路。这条道路代表了1927年革命失败后中国革命的发展方向。

7. 中国红色政权存在和发展的原因及条件是什么？

1928年10月和11月，毛泽东写了《中国的红色政权为什么能够存在？》和《井冈山的斗争》两篇文章，科学回答了红色政权存在和发展的原因和条件。

第一，中国是受多个帝国主义国家间接统治的政治经济发展极端不平衡的半殖民地半封建大国，这是红色政权能够存在和发展的根本原因。

第二，国民革命的影响。

第三，全国革命形势的继续向前发展。这是红色政权存在和发展的两个客观条件。

第四，相当力量的正式红军的存在。

第五，共产党组织的坚强有力和各项政策正确贯彻执行。这是红色政权存在和发展的两个主观条件。

8. 什么是"工农武装割据"的思想？

1928 年 10 月和 11 月，毛泽东写了《中国的红色政权为什么能够存在？》和《井冈山的斗争》第一次明确提出了"工农武装割据"的思想，阐述了共产党领导的土地革命、武装斗争与根据地建设三者之间的辩证统一关系。强调"工农武装割据"的思想，是共产党和割据地方的工农群众必须具备的一个重要思想。

9. 遵义会议的主要内容和意义。

（1）内容：1935 年 1 月，中共中央政治局召开的遵义会议，集中解决了当时具有决定意义的军事和组织问题。会议批评了博古、李德在第五次反"围剿"中的错误，增选毛泽东为中央政治局常委。会后不久，中共中央政治局常委分工，根据毛泽东的提议张闻天代替博古负总的责任，并成立了由毛泽东、周恩来、王稼祥组成的新的三人团，全权负责红军的军事行动。

遵义会议的一系列重大决策，是在中国共产党同共产国际中断联系的情况下，独立自主地作出的。

（2）意义：遵义会议在极其危急的情况下挽救了中国共产党，挽救了中国工农红军，挽救了中国革命，开始确立了以毛泽东为代表的新的中央的领导，成为中国共产党历史上一个生死攸关的转折点，标志着中国共产党在政治上走向成熟。

10. 中国工农红军长征胜利的历史意义。

第一，粉碎了国民党"围剿"红军，消灭革命力量的企图，是中国革命转危为安的关键。

第二，通过长征，把中国革命的大本营放在了西北，为迎接抗日救亡的新高潮准备了条件。

第三，保存并锤炼了中国革命的骨干力量。

第四，播撒了革命的火种。

第五，铸就了伟大的长征精神。

11. 试述中国工农红军铸就的长征精神。

第一，把中华民族的根本利益看得高于一切，坚定革命的理想和信念，坚信正义事业必然胜利的精神。

第二，为了救国救民，不怕任何艰难险阻和不怕牺牲的精神。

第三，坚持独立自主，实事求是，一切从实际出发的精神。

第四，顾全大局，严守纪律，紧密团结的精神。

第五，紧密依靠人民群众，艰苦奋斗的精神。

五、选择题答案

（一）单项选择题答案

1. B	2. D	3. D	4. B	5. D
6. B	7. C	8. D	9. C	10. A
11. C	12. D	13. A	14. C	15. B
16. B	17. B	18. D	19. B	20. A
21. B	22. A	23. C	24. B	25. A
26. C	27. C	28. D	29. A	30. C
31. B	32. B	33. C	34. C	35. B
36. A	37. C	38. C	39. A	40. B
41. B	42. B	43. B	44. D	

（二）多项选择题答案

1．ABCD　2．ABD　　3．ABCD　4．ABCD　5．AB

6．ABCD　7．ABCD　8．ACD　　9．ABC　　10．ABCD

11．ABD　12．AC　　13．CD　　14．AC　　15．AB

16．BCD　17．ABCD 18．ABCD 19．ABCD 20．AB

21．AD　　22．ABCD 23．ABCD 24．ACD　25．ABCD

26．AD　　27．AC　　28．BD　　29．ACD　30．ABCD

第六章　中华民族的抗日战争

一、学习目的和要求

1. 认清日本军国主义的侵华战争给中华民族造成的深重灾难，懂得抗日战争是近代以来中国人民第一次赢得完全胜利的民族解放战争。

2. 把握以国共两党第二次合作为基础的抗日民族统一战线的意义，了解国民党以及正面战场在抗日战争中的地位和作用。

3. 掌握中国共产党的全面抗战路线、纲领与方针、政策以及敌后游击战争的地位和作用，懂得中国共产党及其领导的人民抗日力量是中华民族抗战的中流砥柱。

4. 认识中国人民抗日战争胜利的主要原因和基本经验，把握中国人民抗日战争在世界反法西斯战争中的地位。

二、单项选择题（在每小题的四个备选项中选出一个正确答案并将正确答案的代码填写在题后的括号内）

1. 近代以来，中国第一次取得反侵略完全胜利的战争是

（　　）

    A. 抗美援朝战争　　　　　B. 抗日战争

    C. 中印自卫反击战争　　　D. 中越自卫反击战争

2. 明治维新后，日本开始推行　　　　　　　　（　　）

    A. 南进政策　　　　　　　　B. 大陆政策

    C. 北进政策　　　　　　　　D. 东进政策

3. 1927 年日本召开"东方会义"制定了　　　　　（　　）

    A. "大陆政策"　　　　　　B. "南洋政策"

    C. "对西亚政策纲要"　　　D. "对华政策纲要"

4. 日本开始实施变中国为其独占殖民地的事件是　（　　）

    A. 万宝山事件　　　　　　B. 虹桥事件

    C. 卢沟桥事变　　　　　　D. 九·一八事变

5. 1931 年日本帝国主义制造了侵略中国的　　　（　　）

    A. 九·一八事变　　　　　B. 一·二八事变

    C. 七·七事变　　　　　　D. 八·一三事变

6. 日本挑起九一八事变的借口是　　　　　　　（　　）

    A. 万宝山事件　　　　　　B. 长城事件

    C. 淞沪事件　　　　　　　D. 柳条湖事件

7. 1937 年，日本帝国主义发动全面侵华战争的标志是

                                    （　　）

    A. 九·一八事变　　　　　B. 一·二八事变

    C. 华北事变　　　　　　　D. 卢沟桥事变

8. 中国人民抗日战争进入全民族抗战的新阶段是在（　　）

    A. 九·一八事变爆发后　　B. 一·二八事变爆发后

    C. 华北事变爆发后　　　　D. 卢沟桥事变爆发后

9. 1935 年，日本帝国主义制造了侵略中国的　　（　　）

    A. 九·一八事变　　　　　B. 一·二八事变

    C. 华北事变　　　　　　　D. 卢沟桥事变

10. 1932 年，日本侵略者在中国策划建立的伪傀儡政权是

                                    （　　）

    A. 伪"华北自治政府"

    B. 伪"满洲国"

    C. 伪"中华民国维新政府"

    D. 伪"中华民国国民政府"

  11. 1933 年，冯玉祥在张家口领导成立的抗日武装力量是

                                                    （   ）

    A. 东北抗日义勇军   B. 东北抗日联军

    C. 察哈尔抗日义勇军   D. 察哈尔抗日同盟军

  12. 1933 年 11 月，国民党爱国将领蔡廷锴和蒋光鼐发动了抗日反蒋的   （   ）

    A. 北京事变   B. 福建事变

    C. 西安事变   D. 皖南事变

  13. 1935 年，中共北平临时工作委员会领导发动的抗日救亡运动是（   ）

    A. 一二·九运动   B. 一二·一运动

    C. 一二·三０运动   D. 五·二０运动

  14. 标志着中国人民抗日救亡运动新高潮的到来的是（   ）

    A. 西安事变   B. 福建事变

    C. 一二·九运动   D. 察哈尔抗日同盟军成立

  15. 1935 年 8 月 1 日，中共驻共产国际代表，以中共中央名义发表了   （   ）

    A.《为抗日救国告全国同胞书》

    B.《停战议和一致抗日通电》

    C.《为建立抗日民族统一战线告全国同胞书》

    D.《致东北军、西北军通电》

  16. 1934 年 4 月，由共产党提出，宋庆龄等签名发表的号召中国人民自己起来武装驱逐日本的文件是   （   ）

    A.《中国人民对日作战的基本纲领》

    B.《为抗日救国告全国同胞书》

C. 《反对国民党出卖淞沪协定通电》

D. 《抗日救国初步纲领》

17. 1935 年，中共中央召开的确定抗日民族统一战线新政策的会议是　　　　　　　　　　　　　　　　　（　　）

　　A. 瓦窑堡会议　　　　　　B. 洛川会议

　　C. 中共六届六中全会　　　D. 中共六届七中全会

18. 标志十年内战结束，国内和平基本实现的事件是（　　）

　　A. 九·一八事变　　　　　B. 西安事变

　　C. 卢沟桥事变　　　　　　D. 八·一三事变

19. 根据国共两党协议，红军主力改编为国民革命军第八路军，担任该军的总指挥是　　　　　　　　　　　（　　）

　　A. 毛泽东　　　　　　　　B. 周恩来

　　C. 朱德　　　　　　　　　D. 彭德怀

20. 红军主力改编为国民革命军第八路军，担任该军副总指挥的是　　　　　　　　　　　　　　　　　　　（　　）

　　A. 彭德怀　　　　　　　　B. 林彪

　　C. 聂荣臻　　　　　　　　D. 刘伯承

21. 1937 年，出任新四军军长的是　　　　　　　（　　）

　　A. 朱德　　　　　　　　　B. 刘伯承

　　C. 叶挺　　　　　　　　　D. 陈毅

22. 从 1937 年卢沟桥事变到 1938 年 10 月，广州、武汉失守，中国抗日战争处于　　　　　　　　　　　（　　）

　　A. 战略防御阶段　　　　　B. 战略相持阶段

　　C. 战略反攻阶段　　　　　D. 战略决战阶段

23. 1937 年，在淞沪会战率领"八百壮士"孤守上海四行仓库的爱国将领是　　　　　　　　　　　　　　（　　）

　　A. 佟麟阁　　　　　　　　B. 赵登禹

　　C. 戴安澜　　　　　　　　D. 谢晋元

24. 1938 年 3 月，国民党军队在抗日战争正面战场取得胜利的战役是   （   ）

    A. 平型关战役   B. 桂南战役

    C. 台儿庄战役   D. 枣宜战役

25. 1940 年，在枣宜会战中以身殉国的国民党爱国将领是

                                 （   ）

    A. 佟麟阁   B. 赵登禹

    C. 谢晋元   D. 张自忠

26. 1939 年 1 月，国民党制定"防共、限共、溶共、反共"方针的会议是   （   ）

    A. 五届三中全会   B. 五届四中全会

    C. 五届五中全会   D. 五届六中全会

27. 在抗日战争中，国民党由比较积极地抗战转向消极抗战的标志是   （   ）

    A. 国民党五届三中全会的召开

    B. 国民党五届四中全会的召开

    C. 国民党五届五中全会的召开

    D. 国民党五届六中全会的召开

28. 抗日战争进入相持阶段后，日本帝国主义对国民党政府采取的政策是   （   ）

    A. 以军事打击为主，政治诱降为辅

    B. 以政治诱降为主，军事打击为辅

    C. 军事打击和政治诱降并重

    D. 速战速决、武力征服

29. 1942 年初成立的中国战区最高统帅是   （   ）

    A. 史迪威   B. 蒋介石

    C. 魏德迈   D. 白崇禧

30. 1941 年，在缅北对日作战中以身殉国的中国远征军将

领是　　　　　　　　　　　　　　　　　　　　　（　　）

　　　A．杜聿明　　　　　　　B．张自忠

　　　C．赵登禹　　　　　　　D．戴安澜

31．抗战后期，国民党军队大溃败的战役是　　　　（　　）

　　　A．河南战役　　　　　　B．长沙战役

　　　C．桂林、柳州战役　　　D．豫湘桂战役

32．1941 年 3 月，在大后方抗日民主运动中诞生的民主党派是　　　　　　　　　　　　　　　　　　　　　（　　）

　　　A．中华民族解放行动委员会

　　　B．中国民主建国会

　　　C．中国民主促进会

　　　D．中国民主政团同盟

33．1937 年 8 月，中国共产党制定《抗日救国十大纲领》的重要会议是　　　　　　　　　　　　　　　　　（　　）

　　　A．瓦窑堡会议　　　　　B．洛川会议

　　　C．中共六届六中全会　　D．中共六届七中全会

34．1938 年 5、6 月间，毛泽东发表的系统论述抗日战争特点、前途和发展规律的著作是　　　　　　　　　　（　　）

　　　A．《论反对日本帝国主义的策略》

　　　B．《抗日救国十大纲领》

　　　C．《论持久战》

　　　D．《对日寇的最后一战》

35．毛泽东在《论持久战》中指出，中国抗日战争取得胜利最关键的阶段是　　　　　　　　　　　　　　　（　　）

　　　A．战略防御阶段　　　　B．战略相持阶段

　　　C．战略反攻阶段　　　　D．战略决战阶段

36．全国性抗战开始后，中国军队取得的第一次重大胜利的战役是　　　　　　　　　　　　　　　　　　　（　　）

A. 平型关战役　　　　　B. 台儿庄战役

C. 百团大战　　　　　　D. 昆仑关战役

37. 太原失陷后，八路军在敌后实施战略展开，最先建立的敌后抗日根据地是　　　　　　　　　　（　　）

A. 晋察冀抗日根据地　　B. 山东抗日根据地

C. 晋绥抗日根据地　　　D. 晋冀鲁豫抗日根据地

38. 在抗日战争为国捐躯的八路军副参谋长是　（　　）

A. 彭雪枫　　　　　　　B. 赵尚志

C. 杨靖宇　　　　　　　D. 左权

39. 1940 年，八路军对华北日军发动的大规模进攻战役是

（　　）

A. 平型关战役　　　　　B. 雁门关战役

C. 阳明堡战役　　　　　D. 百团大战

40. 中国共产党在抗日民族统一战线中必须坚持的独立自主原则的实质是坚持　　　　　　　　　　　（　　）

A. 政治上的独立性　　　B. 组织上的独立性

C. 思想上的独立性　　　D. 党对抗日战争的领导权

41. 抗日民族统一战线中的顽固势力是指　　　（　　）

A. 民族资产阶级

B. 城市小资产阶级

C. 大地主大资产阶级的抗日派

D. 地方实力派

42. 为了渡过根据地的严重的经济困难，中共中央采取了精兵简政的政策，这个政策建议者是　　　　　（　　）

A. 刘少奇　　　　　　　B. 李鼎铭

C. 续范亭　　　　　　　D. 何思敬

43. 抗日战争时期，中国共产党开展的延安整风运动，最主要的任务是　　　　　　　　　　　　　（　　）

　　A. 反对主观主义以整顿学风

　　B. 反对宗派主义以整顿党风

　　C. 反对官僚主义以整顿作风

　　D. 反对党八股以整顿文风

44. 中国共产党内反复出现"左"倾错误的思想认识的根源是　　　　　　　　　　　　　　　　　　　　　　　（　　）

　　A. 宗派主义　　　　　　　B. 封建主义

　　C. 主观主义　　　　　　　D. 教条主义

45. 将毛泽东思想规定为党的一切工作指针是在　　（　　）

　　A. 中共七大上　　　　　　B. 中共六大上

　　C. 中共七届二中全会上　　D. 中共七届三中全会上

46. 1945 年 8 月，毛泽东发表的号召对日本侵略者实行全国规模反攻的文章是　　　　　　　　　　　　　　　　（　　）

　　A.《为抗日救国告同胞书》

　　B.《关于目前形势与党的任务》

　　C.《论持久战》

　　D.《对日寇的最后一战》

47. 中国人民抗日胜利纪念日是　　　　　　　　　（　　）

　　A. 1945 年 8 月 14 日　　B. 1945 年 8 月 15 日

　　C. 1945 年 9 月 2 日　　　D. 1945 年 9 月 3 日

48. 中国成为联合国的创始国和五个常任理事国是在（　　）

　　A. 联合国成立大会上　　　B. 第一届联合国大会上

　　C. 第二届联合国大会上　　D. 联合国制宪会议上

49. 出席 1945 年 8 月在美国旧金山召开的联合国制宪会议的中国解放区的代表是　　　　　　　　　　　　　　（　　）

　　A. 周恩来　　　　　　　　B. 董必武

　　C. 陈毅　　　　　　　　　D. 张闻天

三、多项选择题 (在每小题四个备选项中至少有两个是符合题目要求的，请将其代码填写在题后的括号内)

1. 20世纪30年代，日本帝国主义制造的侵华事件有
( )

    A. 九·一八事变　　　　　B. 华北事变

    C. 卢沟桥事变　　　　　D. 皖南事变

2. 日本在全面侵华战争中给中华民族造成的深重灾难集中表现在
( )

    A. 制订了侵略中国的"大陆政策"

    B. 制造了惨绝人寰的大屠杀

    C. 疯狂掠夺中国的资源和财富

    D. 强制推行奴化教育

3. 九·一八事变后，中共派到东北领导抗日斗争的共产党员有
( )

    A. 罗登贤　　　　　B. 杨靖宇

    C. 赵尚志　　　　　D. 赵一曼

4. 1933年，在福州发动抗日反蒋事变的国民党十九路军将领是
( )

    A. 蔡廷锴　　　　　B. 冯玉祥

    C. 张学良　　　　　D. 蒋光鼐

5. 以国共合作为基础的抗日民族统一战线正式建立的标志是
( )

    A. 国民党中央通讯社发表《中共中央为公布国共合作宣言》

    B. 蒋介石发表讲话

    C. 西安事变的和平解决

    D. 八路军、新四军的成立

6. 1937 年 8 月，中国工农红军改编为国民革命军第八路军后下辖 （ ）

    A. 一一五师   B. 一二〇师

    C. 一二五师   D. 一二九师

7. 在抗日战争战略防御阶段，国民党正面战场组织的重大战役有 （ ）

    A. 淞沪会战   B. 忻口会战

    C. 徐州会战   D. 武汉会战

8. 卢沟桥事变后，在北平南苑战斗中为国捐躯的国民党爱国将领是 （ ）

    A. 谢晋元   B. 张自忠

    C. 佟麟阁   D. 赵登禹

9. 中国远征军在反对日本法西斯中的贡献是 （ ）

    A. 1942 年入缅在境外对日作战受到国际上的称赞

    B. 在东吁保卫战中歼灭日军 5000 多人

    C. 第 200 师长戴安澜在缅北殉国

    D. 1942 年 4 月，解救出被日军围困的英军 7000 多人

10. 中国共产党主张要实行全面抗战必须要做到的是（ ）

    A. 实行全国军事的总动员

    B. 实行全国人民的总动员

    C. 必须改革政治机构给人民以充分的民主权利

    D. 适当改善工农大众的生活

11. 敌后战场为国捐躯的八路军、新四军高级将领有（ ）

    A. 左权   B. 彭雪枫

    C. 赵尚志   D. 关向应

12. 国民党顽固派制造的反共高潮有 （ ）

    A. 胡宗南进攻陕甘宁边区

    B. 阎锡山进攻共产党领导的新军和八路军

    C. 皖南事变

    D. 策划发动第三次反共高潮

13. 中国共产党的抗日民族统一战线策略总方针是 （   ）

    A. 发展进步势力   B. 争取中间势力

    C. 消灭顽固势力   D. 孤立顽固势力

14. 抗日战争时期中间势力包括   （   ）

    A. 民族资产阶级   B. 上层小资产阶级

    C. 开明绅士   D. 地方实力派

15. 敌后抗日根据地进行大生产的目的和具体内容是（   ）

    A. 为了克服严重的经济困难

    B. 首先在陕甘宁边区进行

    C. 口号是"自己动手，丰衣足食"

    D. 359 旅改造南泥湾

16. 各地大生产运动的成效是   （   ）

    A. 克服了经济困难

    B. 解决了部队的粮饷

    C. 提高了当地人民的生活水平

    D. 锻炼和培养了大批干部

17. 延安整风运动的内容是   （   ）

    A. 反对主观主义以整顿学风

    B. 反对宗派主义以整顿党风

    C. 反对经验主义以整顿政风

    D. 反对党八股以整顿文风

18. 毛泽东指出，中国共产党战胜敌人的主要法宝是（   ）

    A. 统一战线   B. 群众路线

    C. 武装斗争   D. 党的建设

19. 抗日战争胜利取得完全胜利标志是收回   （   ）

    A. 台湾   B. 澎湖列岛

  C. 钓鱼岛　　　　　　　D. 琉球群岛

20. 关于日本投降、抗日战争胜利的重要事件有　　（　　）

  A. 8 月 15 日，日本天皇以广播"终战诏书"的形式宣布接受波茨坦公告

  B. 9 月 2 日，日本方面代表在美舰密苏里号上签署投降书

  C. 9 月 9 日，中国战区受降仪式在南京举行

  D. 10 月 25 日，中国政府在台湾举行受降仪式

21. 中国抗日战争取得胜利的决定因素是　　　　（　　）

  A. 中国人民巨大的民族觉醒

  B. 中国人民空前的民族团结

  C. 中国人民英勇的民族抗争

  D. 世界爱好和平与正义的国家和人民的支援

22. 中国共产党在全民族抗战中发挥的中流砥柱作用主要体现在　　　　　　　　　　　　　　　　　　　（　　）

  A. 积极倡导，促成并维护抗日民族统一战线

  B. 最大限度地动员全国军民共同抗战

  C. 科学阐明了抗日战争的规律和进程

  D. 制定了正确的战略和策略

四、问答题

1. 日本侵略者给中华民族造成的严重灾难。

第一，制造了惨绝人寰的大屠杀。

第二，疯狂掠夺中国的资源与财富。

第三，强制推行奴化教育。

  日本侵略者在中国犯下的罪行罄竹难书，据不完全统计，战争期间，中国军民伤亡 3500 多万人，按 1937 年的比值折算，中国直接经济损失 1000 多亿美元，间接经济损失 5000 多亿美元。

2. 一二·九运动的意义

华北事变后，中华民族危机加深，中日民族矛盾激化。

1935 年 12 月 9 日，在中国共产党北平临时工作委员会的领导下，北平学生举行声势浩大的抗日游行。学生喊出"反对华北自治运动"，"打倒日本帝国主义"，"停止内战，一致对外"等口号。12 月 16 日，北平学生和市民在天桥召开大会，反对成立冀察政务委员会，并举行了更大规模的示威游行。在群众压力下，冀察政务委员会被迫延期成立。这就是一二·九运动。

一二·九运动打击了日本帝国主义侵略中国、并吞华北的计划，促使了中华民族的觉醒，标志着中国人民抗日救亡运动新高潮的到来。

3. 西安事变的和平解决及其意义。

1936 年 12 月初，蒋介石飞抵西安，逼迫张学良、杨虎城攻打陕甘地区的红军，张学良在对蒋介石"哭谏"无效的情况下，与杨虎城实行"兵谏"，扣留了蒋介石，提出了改组南京政府，停止一切内战，召开救国会议等八项主张，这就是西安事变。

中国共产党审时度势，确定促成事变和平解决的基本方针，并派周恩来等组成中共代表团赴西安谈判，经过与张、杨以及南京方面代表宋美龄、宋子文的和平谈判，终于迫使蒋介石作出停止"剿共"，联合红军抗日等六项承诺。

西安事变的和平解决，成为时局转换的枢纽，十年内战的局面由此结束，国内和平基本实现。

4. 简述中国抗日战争的两个战场及其关系。

（1）抗日战争时期中国始终存在着两个战场，即共产党领导的敌后战场和国民党领导的正面战场。

（2）国民党领导的正面战场始终是中国抗战的重要战场，在全民族抗战中具有重要地位。全国性抗战以后，共产党领导的八路军、新四军立即投入抗日斗争。八路军刚开赴前线时，主要是直接在战役上配合国民党军队作战。1937 年 11 月太原失陷后，按照中共中央部署，八路军在敌后实施战略展开，发动独立自主的敌后游击战争。

（3）正面战场和敌后战场在中国抗日战争中逐渐形成在战略上相互配合。

5. 抗日战争初期，国民党爱国官兵英勇抗敌的主要表现是什么？

抗日战争初期，国民党领导的正面战场，是日本侵略者主要作战的对象。国民党制定了持久消耗战的基本战略，组织了淞沪、忻口、徐州、武汉会战等一系列大战役。1938 年 3 月，李宗仁领导的第五战区在台儿庄战役中歼灭日军 1 万余人，取得大捷。

国民党爱国官兵，不畏牺牲，英勇抗敌，用鲜血和生命维护了民族的尊严，打击了日军的嚣张气焰，鼓舞了全国人民。在北平南苑战斗中，第 29 军副军长佟麟阁、第 132 师师长赵登禹先后阵亡，在淞沪会战中，第 88 师 524 团团附谢晋元率孤军据守四行仓库，被上海市民誉为"八百壮士"。

6. 中共洛川会议制定的《抗日救国十大纲领》的主要内容是什么？

1937 年 8 月 22 日，中共中央在陕北洛川召开了政治局扩大会议，通过了《关于目前形势与党的任务的决定》和《抗日救国十大纲领》。《抗日救国十大纲领》的主要内容是：要打倒日本帝国主义，关键在于实行全国军事的总动员、全国人民的总动员，使抗战成为全面的全民族的抗战。必须改革政治机构，给人民以充分的抗日民主权利，并适当改善工农大众的生活。必须坚持统一战线中无产阶级的领导权，在敌后放手发动独立自主的山地游击战，在国统区放手发动抗日的群众运动。

7. **毛泽东《论持久战》的主要内容及其意义。**

1938 年 5 月至 6 月间，毛泽东发表了《论持久战》的讲演，系统地阐述了抗日战争的特点、前途和发展规律，阐明了持久抗战的总方针。

（1）毛泽东指出，中日双方存在着相互矛相的四个特点；即敌强我弱、敌小我大、敌退步我进步、敌寡助我多助。并指出，最后胜利是属于中国的。

（2）毛泽东还预测了抗日战争的发展进程，即抗日战争将经过战略防御、战略相持、战略反攻三个阶段。其中战略相持阶段，是抗日战争取得最后胜利的最关键的阶段。

毛泽东阐明的持久战的战略思想，抓住了中日战争发生的时代特点和战争的性质，揭示了抗日战争的发展规律和坚持抗战、争取抗战胜利必须实行的战略方针，对全国抗战起了积极作用。

8. **抗战初期的平型关大捷及其意义是什么？**

全国性抗战开始后，共产党领导的八路军、新四军立即投入抗日战争。

1937 年 9 月，八路军一一五师主力在晋东北平型关附近伏击日军，歼敌 1000 余人，击毁汽车 100 多辆。这是全国性抗战开始后，中国军队的第一次重大胜利，它粉碎了日军不可战胜的神话。

9. **抗日民族统一线的策略总方针和对顽固派斗争的策略原则是什么？**

（1）策略总方针：发展进步势力、争取中间势力、孤立顽固势力。

（2）对顽固派斗争的策略原则：有理、有利、有节。

10. **抗日民族统一战线中的中间势力以及中共争取中间势力所必需的条件。**

抗日民族统一战线中的中间势力主要指：民族资产阶级、开明绅士和地方实力派。

争取中间势力所必需的条件：一是共产党有充足的力量；二是尊重他们的利益；三是要同顽固派作坚决的斗争，并能取得胜利。

11. 中国共产党在新民主主义革命阶段的基本纲领。

为更好地指导抗日战争和中国革命，1939 年 10 月至 1940 年 1 月毛泽东先后发表了《〈共产党人〉发刊词》、《中国革命和中国共产党》和《新民主主义论》等著作，系统地阐述了中国共产党的新民主主义理论，还阐明了中国共产党在新民主主义革命阶段的基本纲领。

政治上，推翻帝国主义和封建主义的压迫，建立一个以无产阶级为领导，以工农联盟为基础的各革命阶级联合专政的新民主主义共和国。

经济上，没收操纵国计民生的大银行、大工业、大商业归新民主主义国家所有，建立国营经济；没收地主阶级的土地归农民所有，并引导个体农民发展合作经济；允许民族资本主义经济的发展和富农经济的存在。

文化上，废除封建买办文化，发展无产阶级领导的人民大众的反帝反封建的中华民族的新文化，即民族的、科学的、大众的文化。

毛泽东还总结了中国共产党成立以来的经验，指出统一战线、武装斗争、党的建设，是中国共产党领导革命的三个基本问题，是战胜敌人的三个法宝

12. 中国人民抗日战争胜利的伟大历史意义是什么？

第一，彻底打败了日本侵略者，捍卫了中国的国家主权和领土完整，使中华民族避免了遭受殖民奴役的厄运。结束了日本在台湾 50 年的殖民统治，使台湾回到祖国的怀抱。

第二，促进了中华民族的觉醒，使中国人民在精神上、组织

上的进步达到前所未有的高度。

第三，促使了中华民族的大团结，弘扬了中华民族的伟大精神。

第四，为最终战胜世界法西斯势力，作出了历史性贡献，在全世界人民面前树立了一个以弱制强的范例，显著提高了中国的国际地位，扩大了中国的国际影响。

13. 中国人民抗日战争胜利的主要原因是什么？

第一，中国共产党在全民族抗战中发挥了中流砥柱的作用，这是中国人民抗日战争同近代历次反侵略战争最大的区别。

第二，中国人民的民族觉醒，空前的民族团结和英勇的民族抗争，是中国人民抗日战争胜利的决定性因素。

第三，世界上爱好和平和正义的国家和人民、国际组织以及各种反法西斯力量的同情和支持，也是分不开的。

14. 中国人民抗日战争胜利的基本经验是什么？

第一，全国人民的大团结，是中国人民战胜一切艰难困苦，实现抗战胜利的力量。

第二，以爱国主义为核心的伟大民族精神是中国人民团结奋进的精神动力。

第三，中国人民热爱和平，反对侵略战争，同时又不惧怕战争。

15. 为什么说中国共产党在全民族抗战中发挥了中流砥柱的作用？

第一，中国共产党积极倡导、促成、维护抗日民族统一战线，最大限度地动员全国军民共同抗战，成为凝聚全民族力量的杰出组织者和鼓舞者。

第二，以毛泽东为主要代表的中国共产党人，把马克思列宁主义基本原理同中国具体实际相结合，科学阐明了抗日战争的规律和进程，制定了正确的战略和策略，对抗日战争发挥了重要的指导作用。

五、选择题答案

（一）单项选择题答案

1. B	2. B	3. D	4. D	5. A
6. D	7. D	8. D	9. C	10. B
11. D	12. B	13. A	14. C	15. A
16. A	17. A	18. B	19. C	20. A
21. C	22. A	23. D	24. C	25. D
26. C	27. C	28. B	29. B	30. D
31. D	32. D	33. B	34. C	35. B
36. A	37. A	38. D	39. D	40. D
41. C	42. B	43. A	44. C	45. A
46. D	47. D	48. D	49. B	

（二）多项选择题答案

1. ABC	2. BCD	3. ABCD	4. AD	5. AB
6. ABD	7. ABCD	8. CD	9. ABCD	10. ABCD
11. ABC	12. ABCD	13. ABD	14. ACD	15. ABCD
16. ABC	17. ABD	18. ACD	19. AB	20. ABCD
21. ABC	22. ABCD			

第七章　为创建新中国而奋斗

一、学习目的和要求

1. 了解抗日战争胜利后的时局及其对中国近现代历史发展的影响，认识中国共产党争取和平民主以及进行自卫战争的必要性。

2. 了解国民党政权所面临的全面危机，认识它陷于全国人民包围之中，最终走向崩溃的根本原因。

3. 了解各民主党派的历史发展，认识"中间路线"的破灭及其原因，懂得中国共产党领导多党合作政治格局的形成是历史的必然。

4. 认识人民共和国是中国人民的历史性选择，掌握新民主主义革命胜利的原因及其基本经验。

二、单项选择题 （在每小题的四个备选项中选出一个正确答案，并将正确答案的代码填写在题后的括号内）

1. 第二次世界大战后，在资本主义世界中称霸的是（　　）

　　A. 美国　　　　　　　　B. 英国

　　C. 法国　　　　　　　　D. 西德

2. 1945 年 8 月，中共中央在《对目前局的宣言》中提出的

口号是　　　　　　　　　　　　　　　　　　　　（　　）

    A. 和平、民主、团结

    B. 打倒蒋介石，解放全中国

    C. 向北发展，向南防御

    D. 将革命进行到底

  3. 中共中央明确提出"和平、民主、团结"的口号是在

　　　　　　　　　　　　　　　　　　　　　　　　（　　）

    A. 1943 年 8 月 25 日

    B. 1944 年 8 月 25 日

    C. 1945 年 8 月 25 日

    D. 1946 年 8 月 25 日

  4. 1945 年 8 月至 10 月，国共双方举行了确认和平建国基本方针的　　　　　　　　　　　　　　　　　（　　）

    A. 西安谈判　　　　　　B. 重庆谈判

    C. 南京谈判　　　　　　D. 北平谈判

  5. 1945 年 10 月 10 日，国共双方签署了（　　）

    A.《国共重庆谈判纪要》

    B.《国共重庆谈判协定》

    C.《政府与中共代表会谈协定》

    D.《政府与中共代表会谈纪要》

  6. 1945 年 9 月 19 日，中共中央正式确定的战略方针是

　　　　　　　　　　　　　　　　　　　　　　　　（　　）

    A. 向东发展、向西防御

    B. 向南发展、向北防御

    C. 向北发展、向南防御

    D. 向西发展、向东防御

  7. 1946 年 1 月 10 日，国共双方下达了停战令，同日在重庆召开了　　　　　　　　　　　　　　　　（　　）

A. 国民参政会四届一次会议

B. 政治协商会议

C. 国民参政会四届第二次会议

D. 国民参政会四届三次会议

8. 1946 年 2 月 10 日，国民党破坏"陪都各界协进会"等举行的"庆祝政协成功大会"制造了　　　　　　（　　）

　　A. 下关惨案　　　　　　B. 较场口惨案

　　C. 南通事件　　　　　　D. 安平事件

9. 1946 年 6 月，国民党当局制造了镇压上海人民团体联合会请愿团的　　　　　　　　　　　　　　（　　）

　　A. 五卅惨案　　　　　　B. 较场口惨案

　　C. 下关惨案　　　　　　D. 五·二〇惨案

10. 1946 年 6 月，全国内战爆发时，国民党军队首先进攻的地区是（　　）

　　A. 中原解放区　　　　　B. 东北解放区

　　C. 山东解放区　　　　　D. 陕甘宁解放区

11. 解放区军民粉碎国民党军队的全面进攻是在　　（　　）

　　A. 1946 年 6 月　　　　B. 1946 年 10 月

　　C. 1947 年 2 月　　　　D. 1947 年 6 月

12. 解放区军民粉碎国民党军队的重点进攻是在　　（　　）

　　A. 1947 年 3 月　　　　B. 1947 年 4 月

　　C. 1947 年 6 月　　　　D. 1947 年 7 月

13. 1947 年 6 月，晋冀鲁豫野战军千里跃进大别山，揭开了人民解放战争的　　　　　　　　　　　（　　）

　　A. 战略防御的序幕

　　B. 战略进攻的序幕

　　C. 战略转移的序幕

　　D. 战略决战的序幕

14. 1947 年 10 月 10 日，中国人民解放军总部宣言，正式提出的行动口号是 （ ）

    A. 向北发展，向南防御

    B. 和平、民主、团结

    C. 打过长江去解放全中国

    D. 打倒蒋介石，解放全中国

15. 1947 年 12 月，毛泽东在《目前形势和我们的任务》报告中提出了 （ ）

    A.《中国土地法大纲》

    B. 新民主主义革命三大经济纲领

    C. 打倒蒋介石、解放全中国

    D. 整党和整军的内容

16. 1948 年 4 月，毛泽东完整地提出新民主主义革命总路线的著作是 （ ）

    A.《中国革命和中国共产党》

    B.《目前形势和我们的任务》

    C.《在晋绥干部会议上的讲话》

    D.《〈共产党人〉发刊词》

17. 1946 年，中共决定将减租减息政策改为实现"耕者有其田"政策的文件是 （ ）

    A.《井冈山土地法》

    B.《兴国土地法》

    C.《关于清算、减租及土地问题的指示》

    D.《中国土地法大纲》

18. 一二·一运动的基本口号是 （ ）

    A. 反对内战，争取自由

    B. 反对内战，争取民主

    C. 反对内战，争取和平

D. 反对内战，反对独裁

19. 1947 年在国统区爆发的大规模爱国学生运动是 （　　）

    A. 一二·九运动　　　　B. 五·二O运动

    C. 一二·一运动　　　　D. 一二·三O运动

20. 1947 年，台湾人民举行了反对国民党黑暗统治的

                             （　　）

    A. 黑旗军起义　　　　B. 抗暴运动

    C. 二·二八起义　　　　D. 五·二O运动

21. 1947 年间，全国先后举行罢工的工人有 （　　）

    A. 100 万　　　　　　B. 120 万

    C. 130 万　　　　　　D. 140 万

22. 在新疆，少数民族群众建立革命政府是在 （　　）

    A. 1944 年　　　　　　B. 1945 年

    C. 1946 年　　　　　　D. 1947 年

23. 1947 年 5 月 1 日，建立了乌兰夫为主席的 （　　）

    A. 内蒙古自治政府

    B. 内蒙古自治区

    C. 延边朝鲜族自治政府

    D. 新疆民族革命政府

24. 1948 年 1 月，在香港正式成立的民主党派是 （　　）

    A. 中国民主同盟　　　B. 中国国民党革命委员会

    C. 中国民主建国会　　D. 中国农工民主党

25. 1947 年 12 月正式宣布成立的民主党派是 （　　）

    A. 九三学社　　　　　B. 台湾民主自治同盟

    C. 中国农工民主党　　D. 中国民主促进会

26. 其成员主要是爱国的民族工商业以及有联系的知识分子的党派是 （　　）

    A. 九三学社　　　　　　B. 中国民主促进会

C. 中国民主同盟   D. 中国民主建国会

27. 1944 年底在重庆组织的民主科学座谈会，为纪念 1945 年 9 月 3 日抗日战争和世界反法西斯战争的伟大胜利，改建为 （ ）

     A. 中国民主促进会   B. 中国民主同盟
     C. 台湾民主自治同盟   D. 九三学社

28. 中国国民党临时行动委员会在 1947 年 2 月改名为 （ ）

     A. 九三学社   B. 中国民主促进会
     C. 中国农工民主党   D. 中国致公党

29. 1947 年 10 月国民党当局宣布为"非法团体"，严加取缔的是 （ ）

     A. 中国共产党   B. 中国民主同盟
     C. 中国民主建国会   D. 中国农工民主党

30. 1948 年秋，中国人民解放军进行战略决战的第一个战役是 （ ）

     A. 辽沈战役   B. 淮海战役
     C. 平津战役   D. 渡江战役

31. 1948 年 11 月至 1949 年 1 月，担任淮海战役总前委书记的是 （ ）

     A. 朱德   B. 刘伯承
     C. 陈毅   D. 邓小平

32. 毛泽东为新华社写的 1949 年新年献词是 （ ）
     A. 《中国人民解放军宣言》
     B. 《将革命进行到底》
     C. 《论人民民主专政》
     D. 《别了司徒雷登》

33. 1949 年 4 月 21 日，中国人民解放军发动的重大战役是
（　　）
  A. 辽沈战役　　　　　　　B. 淮海战役
  C. 平津战役　　　　　　　D. 渡江战役

34. 人民解放军占领南京的时间是　　　　　　（　　）
  A. 1949 年 4 月 2 日　　　B. 1949 年 4 月 21 日
  C. 1949 年 4 月 23 日　　　D. 1949 年 5 月 23 日

35. 1949 年 3 月，中国共产党在西柏坡召开的重要会议是
（　　）
  A. 中共六大　　　　　　　B. 中共六届六中全会
  C. 中共七大　　　　　　　D. 中共七届二中全会

36. 1949 年 6 月，毛泽东发表的系统论述中国共产党建国主张的著作是　　　　　　　　　　　（　　）
  A.《新民主主义论》　　　B.《目前形势和我们的任务》
  C.《论联合政府》　　　　D.《论人民民主专政》

37. 毛泽东在《论人民民主专政》一文中指出，人民民主专政的主要基础是　　　　　　　　　（　　）
  A. 工人阶级和民族资产阶级的联盟
  B. 农民阶级和民族资产阶级的联盟
  C. 工人阶级和农民阶级的联盟
  D. 工人阶级和城市小资产阶级的联盟

38.《中国人民政治协商会议共同纲领》最基本、最核心的内容是规定了新中国的　　　　　　　（　　）
  A. 基本民族政策　　　　　B. 国体和政体
  C. 经济工作方针　　　　　D. 外交工作原则

39. 1949 年 9 月，中国人民政治协商会议第一届全体会议，一致选举的中央人民政府主席是　　　　（　　）
  A. 朱德　　　　　　　　　B. 刘少奇

C. 毛泽东　　　　　　　D. 周恩来

三、多项选择题（在每小题四个备选项中至少有两个是符合题目要求的，请将其代码填写在题后的括号内）

1. 世界反法西斯战争胜利结束后，人民民主力量显著增长的主要表现是　　　　　　　　　　　　　　　（　　）

A. 社会主义苏联的力量得到较快的恢复和巩固

B. 人民民主和社会主义制度在多国建立

C. 民族解放运动在亚洲、非洲、拉丁美洲蓬勃兴起

D. 资本主义国家中共产党的影响显著增长，工人运动有了新的发展

2. 为了打退国民党军队在重庆谈判期间发动的军事进攻，解放区军民进行了　　　　　　　　　　　　　（　　）

A. 上党战役　　　　　　B. 邯郸战役

C. 平绥战役　　　　　　D. 津浦战役

3. 出席 1946 年 1 月政治协商会议的党派除国民党、共产党外还有　　　　　　　　　　　　　　　　　（　　）

A. 民主同盟　　　　　　B. 九三学社

C. 民主建国会　　　　　D. 青年党

4. 1946 年 1 月，政治协商会议通过的协议包括　（　　）

A. 政府组织　　　　　　B. 国民大会

C. 和平建国纲领　　　　D. 宪法草案

5. 1946 年 2 月 10 日至 6 月 23 日，国民党当局先后在重庆和南京制造了　　　　　　　　　　　　　　（　　）

A. 较场口惨案　　　　　B. 沧白堂惨案

C. 下关惨案　　　　　　D. 珍珠桥惨案

6. 1947 年 2 月至 6 月，中国人民解放军粉碎了国民党军队

（　　）

    A. 对陕甘宁边区重点进攻

    B. 对东北解放区的重点进攻

    C. 对中原解放区的重点进攻

    D. 对山东解放区的重点进攻

7. 1948年4月，毛泽东系统阐明的中国共产党的土地改革总路线是 （　　）

    A. 依靠贫农

    B. 团结中农

    C. 有步骤地有分别地消灭封建剥削制度

    D. 发展农业生产

8. 国民党统治区的政治经济危机日益加深的主要原因是 （　　）

    A. 抗战胜利后，国民党把接收变成"劫收"，从而使更多的民众期望破产

    B. 滥发货币，通货膨胀，物价飞涨

    C. 国民党统治集团违背全国人民意志，实行反人民的内战政策

    D. 将全国各阶层人民置于饥饿和死亡线上

9. 全国解放战争时期，在国民党统治区爆发的爱国学生运动有 （　　）

    A. 一二·九运动　　　　B. 一二·一运动

    C. 一二·三〇运动　　　D. 五·二〇运动

10. 1947年"五·二〇"惨案发生后，国统区学生运动的口号是 （　　）

    A. 反饥饿　　　　　　　B. 反内战

    C. 反独裁　　　　　　　D. 反迫害

11. 抗日战争胜利后，正式成立的民主党派有 （　　）

    A. 中国民主同盟　　　　B. 中国民主促进会

C. 中国农工民主党　　　D. 九三学社

12. 中国各民主党派形成的社会基础，主要是　　　（　　）

　　A. 民族资产阶级及其知识分子

　　B. 城市小资产阶级及其知识分子

　　C. 华侨及侨眷

　　D. 其他爱国民主分子

13. 1948 年 1 月，民盟一届三中全会明确宣告　　　（　　）

　　A. 不接受解散民盟的任何决定，并恢复民盟总部

　　B. 民盟总部暂设香港

　　C. 民盟坚决不能够在是非曲直之间，有中立态度

　　D. 今后要与中国共产党携手合作

14. 1948 年 8 月起，各民主党派负责人、无党派民主人士，接受中共中央邀请，分别从香港、上海、北平及海外陆续进入（　　）

　　A. 华南解放区　　　　　B. 苏北解放区

　　C. 华北解放区　　　　　D. 东北解放区

15. 1948 年 9 月至 1949 年 1 月，中国人民解放军发动的重大战役是　　　　　　　　　　　　　　　　　（　　）

　　A. 辽沈战役　　　　　　B. 淮海战役

　　C. 平津战役　　　　　　D. 渡江战役

16. 淮海战役前总委的成员，除邓小平外还有　　（　　）

　　A. 刘伯承　　　　　　　B. 陈毅

　　C. 粟裕　　　　　　　　D. 谭震林

17. 1949 年 4 月 21 日，向中国人民解放军发布《向全国进军的命令》的是　　　　　　　　　　　　　　（　　）

　　A. 毛泽东　　　　　　　B. 刘少奇

　　C. 彭德怀　　　　　　　D. 朱德

18. 毛泽东在《论人民民主专政》一文中指出，构成人民民

主专政主要联盟的阶级是 （　　）

    A. 工人阶级   B. 农民阶级

    C. 城市小资产阶级   D. 民族资产阶级

19. 中共七届二中全会的主要内容是 （　　）

    A. 规定了全国胜利后中国共产党在政治、经济、外交等方面的基本政策

    B. 指出了中国由农业国转变为工业国，由新民主主义社会转变为社会主义社会发展方向

    C. 规定了与南京政府谈判的方针

    D. 在中国共产党自身建设问题上，提出了"两个务必"的要求

20. 中国新民主主义革命胜利的基本经验是坚持 （　　）

    A. 统一战线   B. 武装斗争

    C. 党的建设   D. 土地革命

21.《共同纲领》规定的新中国外交工作的原则是 （　　）

    A. 保障本国独立、自由和领土主权的完整

    B. 维护国际的持久和平和各国人民间的友好合作

    C. 反对帝国主义的侵略政策和战争政策

    D. 支持第三世界人民的革命斗争

四、问答题

1. 抗日战争胜利后，中国国内形势发生的新变化是什么？

第一，中国人民的觉悟程度、组织程度空前提高，中国共产党及其领导的人民革命力量得到空前发展，全国人民渴望和平、民主、团结。

第二，国民党统治集团坚持独裁、内战方针，继续走半殖民地半封建社会的老路。

第三，三种建国方案和两个中国之命运的斗争日益尖锐。

2. 全国解放战争时期存在的三种建国方案是什么？

第一种是地主阶级与买办大资产阶级的建国方案，它维护地主阶级和买办大资产阶级利益，遭到中国人民的唾弃。

第二种是民族资产阶级的建国方案，因为帝国主义不允许和民族资产阶级的软弱性，它在中国行不通。

第三种是工人、农民和小资产阶级的建国方案，即中国共产党提出的建立一个工人阶级领导的，以工农联盟为基础的人民民主专政的人民共和国，它成为中国人民的历史选择。

3. 毛泽东指出的必须打败蒋介石，而且能够打败他的原因。

（1）全面内战爆发后，中国共产党清醒地估计了国内外形势，明确而坚定地指出我们不但必须打败蒋介石，而且能够打败他。

（2）必须打败蒋介石，是因为蒋介石发动的战争，是一场在美帝国主义指挥下的反对中国民族独立和中国人民解放的反革命战争。不用革命战争反对反革命战争，中国就将变成黑暗世界，中华民族的前途就会被断送。

（3）能够打败蒋介石，是因为蒋介石的军事力量的优势和美国的援助，只是暂时的现象和临时起作用的因素；而蒋介石发动的战争的反人民性质，人心的向背，则是经常起作用的因素。人民解放战争所具有的爱国正义的革命性质，必然要获得全国人民的拥护，这就是战胜蒋介石的政治基础。

4. 新民主主义革命总路线和新民主主义革命的三大经济纲领是什么？

（1）新民主主义革命总路线：1948 年 4 月，毛泽东在《晋绥干部会议上的讲话》中完整提出了新民主主义革命总路线："无产阶级领导的，人民大众的，反对帝国主义、封建主义和官僚资本主义的革命。"

（2）新民主主义革命的三大经济纲领。1947 年 12 月，毛泽东在《目前形势和我们的任务》讲话中提出了新民主主义革命的三大经济纲领："没收封建阶级的土地归农民所有，没收蒋介石、宋子文、孔祥熙、陈立夫为首的垄断资本归新民主主义国家所有，保护民族工商业。"

5. 解放战争时期，解放区经过土地改革运动出现的新面貌。

经过土地改革运动，解放区广大农民实现了梦寐以求的"耕者有其田"的愿望，解放区出现了新面貌：

（1）广大农民对中国共产党更加信任和拥护，工农联盟以及解放区的人民民主政权得到进一步巩固和加强。

（2）广大农民从封建的生产关系中解放出来，生产积极性空前提高，解放区农村的经济面貌得到明显改观。

（3）大批青壮农民踊跃参军，配合解放军作战，人民解放战争有了巩固的后方和最基本的人力和物力保证。

6. 解放战争时期国民党统治区政治、经济危机日益加深的主要原因。

第一，抗战胜利后，国民党把接收变成"劫收"，大发"胜利财"，从而使更多的民众期望破灭。

第二，国民党统治集团违背全国人民休养生息、和平建国的迫切要求，实行反人民的内战政策，为了支持这一内战，他们从多方面加剧了对广大人民的疯狂掠夺。

7. 全国解放战争时期，各民主党派与中国共产党团结合作的主要表现。

第一，重庆谈判和政协会议期间，各民主党派作为"第三方面"主要同共产党一起反对国民党反动派的内战、独裁政策，为和平民主而共同努力。

第二，在国民党当局撕毁政协协议，发动全面内战时，民主党派中的大多数同共产党保持一致，拒绝参加国民党一手包办的"国民大会"，反对国民党炮制的"宪法"。

第三，民主党派的许多成员积极参加和支持中国共产党领导的爱国民主运动，有的为此流血牺牲，如民盟中央委员李公朴、闻一多，民盟中央常委兼西北总支部主任委员杜斌丞。

第四，在人民解放战争转入战略反攻并且取得节节胜利的形势下，1948年初各民主党派都公开宣言，站在人民革命一边，同共产党一道为推翻国民党反动统治建立新中国而共同奋斗。

8. 中共七届二中全会的主要内容。

1949年3月，中国共产党在西柏坡村召开了七届二中全会。其主要内容是：

第一，规定了全国胜利后，中国共产党在政治、经济、外交方面应当采取的基本政策。

第二，指出了中国由农业国转变为工业国，由新民主主义社会转变为社会主义社会的发展方向。

第三，在中国共产党自身建设的问题上，提出了"两个务必"的要求，毛泽东告诫全党，夺取全国胜利，这只是万里长征走完了第一步，中国的革命是伟大的，但革命以后的路程更长，工作更伟大、更艰苦。因此"务必使同志们继续地保持谦虚、谨慎、不骄、不躁的作风，务必使同志们继续地保持艰苦奋斗的作风"。

9. 毛泽东《论人民民主专政》一文的主要内容。

1949年6月30日，毛泽东发表了《论人民民主专政》一文，系统地阐明了中国共产党关于建立人民民主专政的新中国的主张。

第一，人民民主专政的基础是工人阶级、农民阶级和城市小资产阶级的联盟。

第二，在上述联盟中，主要是工人阶级和农民阶级的联盟，因为这两个阶级占了中国人口的80%—90%，推翻帝国主义和国民党反动派，主要是这两个阶级的力量，由新民主主义到社会主义，主要依靠这两个阶级的联盟。

第三，为建立新中国，必须利用一切于国计民生有利而不是有害的城乡资本主义因素，团结民族资产阶级。但是民族资产阶级不能充当革命的领导者，也不应当在国家政权中占主要的地位。

毛泽东指出：总结我们的经验，集中到一点就是工人阶级（经过共产党）领导的以工农联盟为基础的人民民主专政。这个专政必须和国际革命力量团结一致。

10.《中国人民政治协商会议共同纲领》的主要内容。

1949 年 9 月 21 日至 30 日，中国人民政治协商会议第一届全体会议在北平召开，会议一致通过了《中国人民政治协商会议共同纲领》，其主要内容是：

第一，关于新中国的国体和政体。《共同纲领》规定：中华人民共和国，"实行工人阶级领导的，以工农联盟为基础的，团结各民主阶级和国内各民族的人民民主专政"。"中华人民共和国的国家政权属于人民，人民行使国家政权的机关为各级人民代表大会和各级人民政府"。"各级政权机关一律实行民主集中制"。

第二，关于新中国的基本的民族政策。《共同纲领》规定："中华人民共和国境内各民族一律平等。""各少数民族聚居的地区，应实行民族区域自治。""各少数民族均有发展其语言文字，保持或改革其风俗习惯及宗教信仰的自由。人民政府应帮助各少数民族的人民大众发展其政治、经济、文化、教育的建设事业。""使中华人民共和国成为各民族友爱合作的大家庭。"

第三，关于新中国的经济工作方针。《共同纲领》规定："以公私兼顾、劳资两利、城乡互助、内外交流的政策，达到发展生产、繁荣经济之目的。""使各种经济成分在国营经济领导下，分工合作，各得其所，以促进整个社会经济的发展。"

第四，关于新中国的外交工作原则。《共同纲领》规定：

"保障本国独立、自由和领土主权的完整，维护国际的持久和平和各国人民间的友好合作，反对帝国主义的侵略政策和战争政策。"

在当时的情况下，《共同纲领》起着临时宪法的作用。在上述规定中，关于新中国的国体和政体的规定是《共同纲领》最基本、最核心的内容。其他各项内容都是服从和服务于它及体现它的。这项规定也从法律上正式确立了中国共产党在全国的执政地位，因为中国工人阶级对国家的领导是要通过它的先锋队——中国共产党实现的。

11. 中国革命胜利的主要原因。

首先，是由于有了中国工人阶级的先锋队——中国共产党的领导。中国共产党作为工人阶级的政党，不仅代表着中国工人阶级的利益，而且代表着整个中华民族和全中国人民的利益。中国共产党是用马克思主义的科学理论武装起来的，它以中国化的马克思主义即马克思列宁主义基本原理与中国实践相结合的毛泽东思想作为一切工作的指针。因此，中国共产党能够制定出适合中国情况的，符合中国人民利益的纲领、路线、方针和政策。为中国人民的斗争指明了正确的方向。中国共产党人以行动表明了自己是最有远见、最富于牺牲精神、最坚定，而又最能虚心体察民情并依靠群众的坚强革命者，从而赢得了广大中国人民的衷心拥护。"没有共产党，就没有新中国"。这是中国人民基于自己的切身体验所确认的客观真理。

其次，由于帝国主义、封建主义、官僚资本主义的残酷压迫，中国人民走上了反帝、反封建、反官僚资本主义斗争的伟大时代。工人、农民、城市小资产阶级群众是民主革命的主要力量。在他们中间涌现出了无数无畏的英雄和不屈的战士。随着斗争的发展，民族资产阶级也逐步向共产党靠拢，没有广大人民和各界人民的广泛参加和大力支持，中国革命的胜利是不可能的。

再次，中国革命之所以能够赢得胜利，同国际无产阶级和人民群众的支持也是分不开的。为了中国人民的解放事业，一些国际友人还直接参加了中国的革命斗争，有的已经长眠在中国土地上。

12. **中国革命胜利的基本经验**

中国共产党在领导人民革命的过程中，积累了丰富的经验。

第一，建立广泛的统一战线。建立广泛的统一战线，是坚持和发展革命的政治基础。统一战线中存在着两个联盟：一个是劳动者的联盟，主要是工人、农民和城市小资产阶级的联盟，这是基本的、主要的；一个是劳动者与非劳动者的联盟，主要是劳动者与民族资产阶级的联盟，有时还包括与一部分大资产阶级的暂时的联盟，这是辅助的，同时又是重要的。必须坚决依靠第一个联盟，争取建立和扩大第二个联盟。巩固和扩大统一战线的关键，是坚持工人阶级及其政党的领导权，率领同盟者向着共同的敌人作坚决的斗争并取得胜利；对被领导者给予物质福利，至少不损害其利益，同时对被领导者给予政治教育；对同工人阶级争夺领导权的资产阶级采取又联合、又斗争的政策。

第二，坚持革命的武装斗争。中国革命只能以长期的武装斗争作为主要形式。离开了武装斗争就没有共产党的地位，就不能完成任何革命任务。中国的武装斗争实质上是工人阶级领导的农民战争，中国共产党必须深入农村，发动和武装农民，在农村建立革命根据地，以农村包围城市，才能逐步地争取革命的胜利。为了坚持和发展中国革命，必须建立一支在工人阶级政党绝对领导下的，具有严格纪律的，同人民群众保持亲密联系的新型人民军队。没有一支人民的军队，便没有人民的一切。这支军队必须实行一系列具有中国特点的人民战争的战略战术。

第三，加强共产党的自身建设。在工人阶级人数很少而战斗力很强，农民和其他小资产阶级占人口多数的中国，建设一个工人阶级先锋队的党，是极其艰巨的任务。毛泽东的建党学说成功地解决了这个难题。中国共产党的建设，是密切联系着党的政治路线进行的，注重在端正思想路线的基础上，制定和贯彻执行党的正确的政治路线。着重党的思想建设，用工人阶级思想克服资产阶级、小资产阶级思想；培育和发扬理论与实际相结合、密切联系群众和自我批评的作风；在党内斗争中实行"惩前毖后，治病救人"的方针；并创造了在全党通过批评与自我批评进行马克思主义思想教育的整风形式等。中国共产党在长期的斗争实践中，把自己锻炼成了"一个有纪律的，有马克思列宁主义理论武装的，采取自我批评方法的，联系人民群众的党"，成为了掌握统一战线和武装斗争这两个武器以实行对敌冲锋陷阵的英勇战士，成为了全国各族人民拥戴的领导核心。

五、选择题答案

（一）单项选择题答案

1. A	2. A	3. C	4. B	5. D
6. C	7. B	8. B	9. C	10. A
11. C	12. C	13. B	14. D	15. B
16. C	17. C	18. A	19. B	20. C
21. B	22. B	23. A	24. B	25. B
26. D	27. D	28. C	29. B	30. A
31. D	32. B	33. D	34. C	35. D
36. D	37. C	38. B	39. C	

（二）多项选择题答案

1. ABCD	2. ABCD	3. AD	4. ABCD	5. AC
6. AD	7. ABCD	8. ACD	9. BCD	10. ABD

11. BD　　12. ABD　13. ACD　14. CD　　15. ABC
16. ABCD 17. AD　　18. AB　　19. ABD　20. ABC
21. ABC

第八章 社会主义基本制度的全面确立

一、学习目的和要求

1. 了解《共同纲领》的全面实施以及新民主主义革命任务胜利完成，认识中华人民共和国的成立开辟了中国历史的新纪元。

2. 了解新民主主义社会的建立及其特点和性质，把握过渡时期总路线的提出反映了历史的必然性。

3. 了解对个体农业、手工业和资本主义工商业社会主义改造的基本完成，懂得社会主义制度在中国的建立的伟大意义。

二、单项选择题（在每小题的四个备选项中选出一个正确答案，并将正确答案的代码填写在题后的括号内）

1. 中国现代史的开端是 （ ）

   A. 1915 年新文化运动的兴起

   B. 1911 年辛亥革命的爆发

   C. 1919 年五四运动的爆发

   D. 1949 年 10 月 1 日中华人民共和国的成立

2. 新民主主义社会的起止时间是 （ ）

   A. 1949 年—1953 年　　　B. 1949 年—1954 年

C. 1949 年—1955 年　　　　D. 1949 年—1956 年

3. 中华人民共和国的成立标志着　　　　　　　　（　　）

　　A. 中国的新民主主义革命取得了基本胜利

　　B. 中国社会主义革命开始

　　C. 中国社会主义建设开始

　　D. 中国新民主主义革命取得了完全胜利

4. 在新解放区，人民解放军进行了大规模的剿匪作战，共消灭国民党土匪武装　　　　　　　　　　　　　（　　）

　　A. 180 多万　　　　　　　B. 200 多万

　　C. 220 多万　　　　　　　D. 240 多万

5. 中国西藏和平解放的时间是　　　　　　　　　（　　）

　　A. 1948 年 10 月　　　　　B. 1949 年 10 月

　　C. 1950 年 10 月　　　　　D. 1951 年 10 月

6. 中国大陆基本解放和实现统一的标志是　　　　（　　）

　　A. 1949 年中华人民共和国的成立

　　B. 1950 年中共七届二中全会的召开

　　C. 1951 年西藏的和平解放

　　D. 1952 年土地改革的完成

7. 到 1953 年 3 月，我国建立了县级和县级以上的民族自治区达　　　　　　　　　　　　　　　　　　（　　）

　　A. 43 年　　　　　　　　　B. 45 年

　　C. 47 个　　　　　　　　　D. 49 个

8. 1950 年 6 月，中央人民政府颁布了　　　　　（　　）

　　A.《中华人民共和国土地改革法》

　　B.《关于镇压反革命活动的指示》

　　C.《关于接收官僚资本企业的指示》

　　D.《中华人民共和国婚姻法》

9. 新中国成立初期开展的镇压反革命运动的政策是（　　）

  A. 首恶必办，胁从不问

  B. 镇压与宽大相结合

  C. 坦白从宽，抗拒从严

  D. 专政机关与群众参与相结合

10. 新中国第一部婚姻法颁布的时间是 （　　）

  A. 1950 年 5 月   B. 1950 年 6 月

  C. 1951 年 7 月   D. 1951 年 8 月

11. 新中国成立初期，社会主义国营经济建立的主要途径是

                   （　　）

  A. 没收官僚资本   B. 征用外国资本

  C. 赎买民族资本   D. 合并公营资本

12. 新中国建立初期通过没收官僚资本建立了 （　　）

  A. 合作社经济   B. 国家资本主义经济

  C. 国营经济   D. 民族资本主义经济

13. 中国进入新民主主义社会后，经济上处于领导地位的是

                   （　　）

  A. 私人资本主义经济   B. 国家资本主义经济

  C. 国营经济   D. 合作社经济

14. 1950 年 6 月，中共七届三中全会确定的中心任务是

                   （　　）

  A. 迅速消灭国民党残余势力

  B. 完成新解放区土地改革

  C. 统一全国财政经济工作

  D. 争取国家财政经济状况的基本好转

15. 1950 年 6 月，中国共产党为争取国家财政经济状况的
基本好转而召开的重要会议是 （　　）

  A. 中共七届二中全会   B. 中共七届三中全会

  C. 中共七届四中全会   D. 中共七届五中全会

16. 1951 年底到 1952 年春，中国共产党在党政机关中开展的"三反"运动是 （　　）

    A. 反贪污、反浪费、反官僚主义

    B. 反主观主义、反宗派主义、反党八股

    C. 反贪污、反受贿、反自由主义

    D. 反浪费、反行贿，反形式主义

17. 1951 年至 1952 年"五反"运动开展的领域是 （　　）

    A. 党政国家机关   B. 农村地区

    C. 城镇街道   D. 私营工商业

18. 1949 年 10 月 2 日，第一个照会中国政府，决定同中华人民共和国建立外交关系的国家是 （　　）

    A. 苏联   B. 朝鲜

    C. 越南   D. 保加利亚

19. 新中国成立初期，我国主持召开的第一次大型国际会议是 （　　）

    A. 中国印度两国总理会议

    B. 中缅两国总理会议

    C. 亚洲太平洋地区和平会议

    D. 亚非会议

20. 在抗美援朝战争中，担任中国人民志愿军司令员兼政治委员的是 （　　）

    A. 朱德   B. 彭德怀

    C. 陈毅   D. 刘伯承

21. 中华人民共和国成立，中国进入了 （　　）

    A. 资本主义社会   B. 社会主义初级阶段

    C. 新民主主义社会   D. 社会主义中级阶段

22. 新中国发展国民经济第一个五年计划的中心环节是

（　　）

  A. 优先发展重工业   B. 优先发展沿海工业

  C. 优先发展轻工业   D. 优先发展内地工业

23. 中共中央正式提出过渡时期总路线是在   （ ）

  A. 1949 年   B. 1952 年

  C. 1953 年   D. 1956 年

24. 中国共产党在过渡时期总路线的主体是实现 （ ）

  A. 国家的社会主义工业化

  B. 国家对农业的社会主义改造

  C. 国家对手工业的社会主义改造

  D. 国家对资本主义工商业的社会主义改造

25. 中国在 20 世纪 50 年代的最重要事件就是 （ ）

  A. 选择了新民主主义

  B. 选择了社会主义

  C. 选择了人民民主专政

  D. 选择了中国共产党的领导

26. 在农业合作化运动中具有社会主义萌芽的是 （ ）

  A. 初级社   B. 高级社

  C. 互助组   D. 生产队

27. 在农业合作过程中，具有半社会主义性质的农业合作组织是   （ ）

  A. 互助组

  B. 初级农业生产合作社

  C. 高级农业生产合作社

  D. 人民公社

28. 我国农村社会主义改造中，具有完全社会主义性质的经济组织形式是   （ ）

  A. 互助组   B. 生产大队

  C. 初级农业生产合作社 D. 高级农业生产合作社

29. 1955 年，毛泽东发表全面总结农业合作化运动经验的报告是 （　　）

  A.《关于农业生产互助合作的决议（草案）》

  B.《关于发展农业生产合作社的决议》

  C.《关于农业合作化问题》

  D.《关于人民公社若干问题的决议》

30. 我国对资本主义工商业的社会主义改造所采取的基本政策是 （　　）

  A.　加工订货   B.　和平赎买

  C.　统购统销   D.　公私合营

31. 我国对资本主义工商业进行社会主义改造所实行的高级形式的国家资本主义是 （　　）

  A.　加工订货   B.　统购统销

  C.　经销代销   D.　公私合营

32. 使我国铁路贯通南北的武汉长江大桥建成通车的时间是 （　　）

  A.　1956 年   B.　1955 年

  C.　1958 年   D.　1957 年

33. 新中国开始实行发展国民经济的第一个五年计划是在 （　　）

  A.　1950 年   B.　1951 年

  C.　1952 年   D.　1953 年

34. 我国进入社会主义社会的最主要标志是 （　　）

  A.　中华人民共和国的成立

  B.　发展国民经济第一个五年计划的制定

  C.　第一届全国人民代表大会的召开

  D.　社会主义改造的基本完成

三、多项选择题（在每小题四个备选项中至少有两个是符合题目要求的，请将其代码填写在题后的括号内）

1. 20 世纪中国人民在前进的道路上经历了第二次历史性巨大变化是　　　　　　　　　　　　　　　　（　　）

    A. 新中国的成立　　　　　B. 人民从此当家做主人

    C. 国家地位空前提高　　　D. 社会主义制度的建立

2. 中华人民共和国的成立标志着　　　　　　　（　　）

    A. 新民主主义革命基本胜利

    B. 半殖民地半封建社会结束

    C. 新民主主义社会在全国范围内建立

    D. 为新民主主义社会向社会主义社会的过渡创造了条件

3. 新中国建立初期进行的重大政治运动有　　　（　　）

    A. 土地改革运动　　　　　B. 镇压反革命运动

    C. 三反、五反运动　　　　D. 抗美援朝运动

4. 新中国成立初期，中国共产党对私营工商业进行全面调整的原则是　　　　　　　　　　　　　（　　）

    A. 公私兼顾　　　　　　　B. 委托加工

    C. 统购统销　　　　　　　D. 劳资两利

5. 党的七届三中全会提出获得国家财政经济状况基本好转的条件是（　　）

    A. 土地改革的完成

    B. 现有工商业的调整

    C. 抑制通货膨胀

    D. 国家机构所需经费的大量节减

6. 1950 年和 1951 年，中国共产党在全国范围开展整风运动的内容是　　　　　　　　　　　　　　（　　）

    A. 批判居功自傲的错误思想

    B. 进行共产党员标准八项条件的教育

    C. 反对腐败风气

    D. 反对享乐主义

7. 1951 年至 1952 年开展的"三反"运动的主要内容是

                                             (   )

    A. 反贪污   B. 反浪费

    C. 反主观主义   D. 反官僚主义

8. 1952 年开展的"五反"运动主要内容是   (   )

    A. 反行贿

    B. 反偷工减料和反盗窃国家资财

    C. 反偷税漏税

    D. 反盗窃国家经济情报

9. 新中国成立前夕，中共中央提出的对外方针是   (   )

    A. 另起炉灶   B. 一边倒

    C. 打扫干净屋子再请客   D. 独立自主

10. 由新民主主义向社会主义转变的必要条件是   (   )

    A. 中国共产党的政治领导

    B. 社会主义国营经济的领导地位

    C. 马克思主义在思想文化领域中的指导地位

    D. 良好的国际环境

11. 从新民主主义向社会主义过渡时期，中国社会存在的经济成分有   (   )

    A. 国营经济和合作社经济

    B. 个体经济

    C. 私人资本主义经济

    D. 国家资本主义经济

12. 从新民主主义社会转变为社会主义的过渡时期，中国存

在的主要经济成分为 （ ）

    A. 社会主义经济   B. 个体经济

    C. 私人资本主义经济   D. 中外合作经济

13. 全国胜利并解决了土地问题以后，新民主主义社会的基本矛盾是 （ ）

    A. 新中国同帝国主义的矛盾

    B. 工人阶级和农民的矛盾

    C. 工人阶级和小资产阶级的矛盾

    D. 工人阶级和资产阶级的矛盾

14. 我国对个体农业实行社会主义改造的过渡性经济形式包括 （ ）

    A. 互助组   B. 初级农业生产合作社

    C. 高级农业生产合作社   D. 人民公社

15. 我国对个体农业实行社会主义改造必须遵循的原则和采取的方法是 （ ）

    A. 自愿互利   B. 典型示范

    C. 逐步推广   D. 国家帮助

16. 我国对资本主义工商业进行社会主义改造所采取的初级国家资本主义形式有 （ ）

    A. 加工订货   B. 统购包销

    C. 经销代销   D. 公私联营

17. 在社会主义改造过程中，我国实行高级形式的国家资本主义是 （ ）

    A. 公私合营   B. 公私联营

    C. 个别企业的公私合营   D. 全行业的公私合营

18. 在对资本工商业进行社会主义改造过程中，当个别行业公私合营后，企业的利润实行"四马分肥"，其分别是 （ ）

    A. 国家所得税   B. 企业公积金

    C. 工人福利费   D. 股金红利

19. 新中国在发展国民经济第一个五年计划期间着重建设的三大钢铁基地是   （   ）

    A. 鞍山   B. 包头

    C. 上海   D. 武汉

20. 在发展国民经济第一个五年计划期间，新中国创建的企业有   （   ）

    A. 长春第一汽车制造厂   B. 沈阳机床厂

    C. 北京电子管厂   D. 沈阳飞机制造厂

四、问答题

1. 为什么说中华人民共和国的成立开辟了中国历史的新纪元。

第一，帝国主义列强压迫中国，奴役中国人民的历史从此结束，中华民族一洗百年来蒙受的屈辱，开始以崭新的姿态自立于世界的民族之林。

第二，本国封建主义、官僚资本主义统治的历史从此结束，长期以来受尽压迫和欺凌的广大中国人民在政治上翻了身，开始成为新社会、新国家的主人。

第三，军阀割据、战乱频仍、匪患不断的历史从此结束，国家基本统一，民族团结，社会政治局面趋向稳定，各族人民开始过上安居乐业的生活。

第四，从根本上改变了中国社会的发展方向，为实现由新民主主义向社会主义的过渡创造了前提条件。

第五，中国共产党成为全国范围的执政党。它可以运用国家政权凝聚全国力量，解放并发展社会生产力，造福于整个中华民族。

2. 新中国建立初期，中国共产党面临的主要问题和考验。

第一，能否保卫住人民的胜利果实，巩固新生的人民政权，能否战胜严重的经济困难，迅速恢复和发展国民经济。

第二，能否巩固民族独立，维护国家主权和安全，能否经受住执政的考验，继续保持谦虚、谨慎、不骄、不躁的作风和艰苦奋斗的作风。

3. 没收官僚资本对新中国国民经济发展的作用。

一方面，削弱了资本主义经济力量，旧中国官僚资本同民族资本的比例是 8：2，没收官僚资本，也就是把中国资本主义的主要部分消灭了。

另一方面，壮大了社会主义的国营经济。没收官僚资本归工人阶级领导的人民共和国所有，就使人民共和国掌握了国家的经济命脉，社会主义性质的国营经济在整个国民经济中已经居于主导地位。

4. 中共七届三中全会的主要内容。

1950 年 6 月，中共七届三中全会在北京召开。毛泽东作《为争取国家财政经济状况的基本好转而斗争》的报告。毛泽东指出，要获得国家财政经济状况的基本好转，要用三年左右的时间，创造三个条件，即土地改革的完成，现有工商业的调整，国家机构所需经费的大量节减。针对一些地区在处理阶级关系上出现的打击面过宽的"左"的倾向。毛泽东强调，必须处理好同民族资产阶级、各民主党派、知识分子和少数民族之间的关系，以便孤立和打击当前的主要敌人，而不要四面出击，树敌太多，造成全国紧张的不利局面。

七届三中全会是新中国成立初期中国共产党的一次重要的会议。会议的决议为三年经济恢复时期党的工作规定了明确的策略路线和行动纲领。

5. 新中国建立初期开展的"三反""五反"运动的主要内容和意义什么?

(1)针对不法资本家行贿党政干部情况的严重发展,1951年年底到1952年春,中国共产党在党政机构工作人员中开展了反贪污、反浪费、反官僚主义的"三反"运动。

这次运动教育了干部的大多数,挽救了犯错误的同志,清除了党的队伍和国家干部队伍中的腐化分子,有力地抵制了旧社会恶习和资产阶级的腐蚀,对于在执政的条件下保持共产党人的革命精神,促进中国共产党和人民政府的廉政建设,起到了重要的作用。

(2)1952年1月,中共中央决定开展反行贿、反偷税漏税、反盗窃国家资财、反偷工减料、反盗窃国家经济情报的"五反"运动,要求依靠工人阶级,团结守法的资本家及其他市民,揭露违法资本家的"五毒"行为。"五反"运动历时半年,打击了不法资本家的严重的"五毒"行为,在工商业者中普遍进行了一次守法经营的教育,推动了在私营企业中建立工人监督和实行民主改革。

6. 新中国成立初期,国民经济迅速恢复的主要原因是什么?

第一,中共中央和人民政府紧紧抓住恢复和发展生产作为一切工作中心,正确处理恢复国民经济同其他各项工作的关系。

第二,从当时的国情出发,制定了"不要四面出击"等正确方针政策,妥善处理公私关系、劳资关系等各项社会关系。

第三,刚刚执政的中国共产党加强自身的建设,保持和发扬党的优良传统和作风,及时有力地抵制了资产阶级的腐朽。

7. 新民主主义社会的特点和性质。

(1)1948年9月召开的中央政治局会议,毛泽东做过分析,他说,我们这个国家是无产阶级领导的,所以这些经济都是社会主义性质的。

（2）1949 年 3 月，中共七届二中全会决议分析了新民主主义社会经济状况和基本矛盾。指出，全国胜利后并解决了土地问题以后，中国存在着五种经济成分，即社会主义性质的国营经济，半社会主义性质的合作社经济，农民和手工业者的个体经济，私人资本主义经济和国家资本主义经济。其中，半社会主义性质的合作社经济是个体经济向社会主义集体经济的过渡形式，国家资本主义经济是私人资本主义经济向国营经济过渡的形式。所以，主要经济成分是三种，即社会主义经济、个体经济和私人资本主义经济。其中的个体经济是处于十字路口的经济，它既可以被引导着走社会主义，也可以自发地走向资本主义。

这样，三种基本的经济成分及与之相应的三种基本阶级力量（工人阶级、农民及其他小资产阶级、资产阶级）之间的矛盾，就集中地表现为无产阶级与资产阶级的矛盾、社会主义与资本主义的矛盾。这就是说，中国还存在着两种基本矛盾：国际是新中国同帝国主义的矛盾，国内是工人阶级和资产阶级的矛盾。

总之，新民主主义社会不是一个凝固不变的、独立的社会形态。新民主主义社会在经济上的特点，就是既有社会主义因素，又有资本主义因素。它本身具有过渡性，处在深刻的变动之中，每天都在发生社会主义因素。

8. 1949 年至 1952 年开始向社会主义过渡采取了哪些实际的步骤？

新中国成立后，头三年在着重完成民主革命遗留任务的同时，社会主义革命的任务，实际上也开始实行了，这主要是采取了以下几个步骤：

第一，没收官僚资本，确立社会主义性质国营经济的领导地位。

第二，开始将资本主义纳入国家资本主义轨道。

第三，引导个体农民在土地改革后逐步走上互助合作的道路。

9. 中国共产党提出的过渡时期总路线是什么？

党在过渡时期的总路线和总任务是："要在一个相当长的时期内，逐步实现国家的社会主义工业化，并逐步实现国家对农业、对手工业和资本主义工商业的社会主义改造。"

这是社会主义建设同社会主义改造同时并举的总路线，体现了发展生产力和变革生产关系的有机统一。

10. 为什么中国共产党提出的过渡时期总路线反映了历史必然性？

第一，社会主义性质的国营经济是实现国家工业化的主要基础，社会主义工业化，是国家独立和富强的当然要求和必要条件。

第二，资本主义经济力量弱小，发展困难，不可能成为中国工业起飞的基础。

第三，对个体农业进行社会主义改造，是保证工业发展，实现国家工业化的必要条件。

第四，新中国成立后，长期受到美国等西方资本主义国家的封锁和遏制，只有社会主义的苏联能够援助中国，这一国际环境也促使中国选择社会主义。

11. 我国农业社会主义改造经历的几种经济组织形式及其性质。

1953年12月，中共中央通过《关于发展农业生产合作社的决议》，决议提出引导农民走向社会主义的几种过渡性的组织形式。

第一是互助组，这具有社会主义的萌芽。

第二是初级农业生产合作社，在土地和牲畜、大农具私有的基础上土地入股，统一经营，有较多的公共财产，实行土地分红和按劳分配相结合的原则，这具有半社会主义的性质。

第三，高级农业生产合作社，将土地及其他主要生产资料归集体所有，统一经营，集体劳动，实行各尽所能，按劳分配，这具有社会主义性质。

12. 我国对农业社会主义改造的基本原则和方针是什么？

第一，在中国的条件下，可以走先合作化，后机械化的道路，在土地改革基本完成后，及时将"组织起来"作为农村工作的一件大事来抓。

第二，充分利用和发挥土改后农民的生产积极性，通过互助组、初级农业生产合作社、高级农业生产合作社这种由低到高的互助合作的组织形式，实行积极发展、稳步前进、逐步过渡的方针。

第三，农业互助合作的发展，要坚持自愿互利的原则，采取典型示范，逐步推广的方法，发展一批，巩固一批。

第四，要始终把是否增产作为衡量合作社是否办好的标准。

第五，要把社会改造同技术改造相结合。在实现农业合作化以后，国家应努力用先进的技术和装备发展农业经济。

13. 新中国对资本主义工商业采取和平赎买政策的特点。

第一，有偿地而不是无偿地、逐步地而不是突然地改变资产阶级的所有制。

第二，在改造资本家的同时，给其以必要的工作安排。

第三，不剥夺资产阶级的选举权，并且对他们中向积极拥护社会主义改造，而且有所贡献的代表人物给以恰当的政治安排。

14. 为什么说完成社会主义改造是中国历史上最伟大最深刻的社会变革？

第一，随着社会主义改造的基本完成，中国继建立社会主义基本政治制度以后，社会主义经济制度也建立了起来，这是中国进入社会主义社会的最主要标志。1952 年，各种经济成分在国民收入中所占的比重分别是国营 19.1%、合作社 1.5%、公私合营经济 0.7%、个体经济 71.8%、资本主义经济 6.9%，就是说，个体经济和资本主义经济合计为 78.7%，占到国民收入的绝大部分。到 1957 年，各种经济成分占国民收入的比重分别是国营经济 33%、合作社经济 56%、公私合营经济 8%、个体经济 3%、资本主义经济 0.1%，这就是说，社会主义性质的国营经济、合作社经济和基本上属于社会主义性质的公私合营经济合计为 97%，占到了国民收入的绝大多数。这是社会主义改造的主要成果。这表明，中国已经胜利地完成了从新民主主义到社会主义过渡，社会主义基本制度在中国得到全面的确立。

第二，社会主义改造是在生产关系方面由私有制到公有制的一场伟大变革，这就使社会生产力从旧的生产关系的束缚中解放出来，对生产力的发展直接起到了促进作用。在全面进行社会主义改造期间，即从 1953 年到 1956 年，全国工业总产值平均每年递增 19.6%，农业总产值每年递增 4.8%，经济发展比较快，经济效益比较好，重要经济部门之间的比例关系比较协调，市场繁荣、物价稳定，人民生活显著改善。

总之，在一个几亿人口的大国中比较顺利地实现了如此复杂、困难和深刻的社会变革，促进了工农业和整个国营经济的发展，这的确是伟大的历史性胜利。通过社会主义改造，中国共产党创造性地完成由新民主主义到社会主义的过渡，实现了中国历史上最伟大、最深刻的社会变革，开始了在社会主义道路上实现中华民族伟大复兴的历史征程。

五、选择题答案

（一）单项选择题答案

1. D 2. D 3. A 4. B 5. D
6. C 7. C 8. A 9. B 10. A

11. A　　12. C　　13. C　　14. D　　15. B

16. A　　17. D　　18. A　　19. C　　20. B

21. C　　22. A　　23. C　　24. A　　25. B

26. C　　27. B　　28. D　　29. C　　30. B

31. D　　32. D　　33. D　　34. D

（二）多项选择题答案

1. AD　　2. ABC　　3. ABCD　4. AD　　5. ABD

6. AB　　7. ABD　　8. ABCD　9. ABC　　10. ABC

11. ABCD　12. ABC　13. AD　　14. ABC　　15. ABC

16. ABCD　17. CD　　18. ABCD　19. ABD　　20. ABCD

第九章 社会主义建设在探索中曲折发展

一、学习目的和要求

1. 了解中国共产党人探索中国社会主义建设道路的良好开局，把握早期探索取得的成果。

2. 了解探索社会主义建设道路的曲折历程，认识其中的经验教训。

3. 了解社会主义制度确立后 20 年间的建设成就，把握毛泽东等老一辈革命家探索中国社会主义建设道路的理论贡献。

二、单项选择题（在每小题的四个备选项中选出一个正确答案，并将正确答案的代码写在题后的括号内）

1. 我国社会主义改造基本完成后，党和国家根本任务是

（　　）

    A. 进行政治建设　　　　B. 进行文化建设

    C. 保护和发展生产力　　D. 进行社会主义建设

2. 1956 年 1 月，中共中央召开关于知识分子问题会议，动员全党和全国人民

（　　）

    A. 努力生产　　　　　　B. 向科学进军

    C. 支持军队建设　　　　D. 支持教育的发展

3. 毛泽东《论十大关系》报告围绕的基本方针是　（　　）

    A. 独立自立

    B. 自力更生为主，争取外援为辅

    C. 调动一切积极因素，为社会主义事业服务

    D. 走中国特色社会主义道路

4. 毛泽东在《论十大关系》中提出，处理中国共产党和民主党派关系的方针是　（　　）

    A. 长期共存，互相监督

    B. 以诚相待、患难与共

    C. 肝胆相照荣辱与共

    D. 同甘共苦，同舟共济

5. 毛泽东在《论十大关系》中提出，社会主义文化建设的新方针是　（　　）

    A. 推陈出新　　　　　B. 百花齐放、百家争鸣

    C. 为工农兵服务　　　D. 古为今用，洋为中用

6. 1956 年召开的中共八大指出，党和全国人民当前的主要任务是　（　　）

    A. 正确处理人民内部矛盾

    B. 实现社会主义四个现代化

    C. 把我国推进到社会主义社会

    D. 把我国从落后的农业国变为先进的工业国

7. 1956 年，在中共八大上提出"三个主体、三个补充"思想的是　（　　）

    A. 陈云　　　　　　　B. 毛泽东

    C. 周恩来　　　　　　D. 邓小平

8. 1956 年，陈云在中共八大上提出了　（　　）

    A. "三个主体、三个补充"的思想

    B. "双重监督"的思想

    C. "健全法制"的思想

    D. "新经济政策"的思想

9. 在探索中国社会主义建设道路过程中，提出社会主义社会基本矛盾学说的是   （   ）

    A. 陈云   B. 毛泽东

    C. 刘少奇   D. 周恩来

10. 毛泽东指出，在社会主义改造完成后，我国政治生活的主题是正确处理   （   ）

    A. 生产关系与生产力之间的矛盾

    B. 上层建筑与经济基础之间的矛盾

    C. 敌我矛盾

    D. 人民内部矛盾

11. 毛泽东提出要正确处理人民内部矛盾，主要是   （   ）

    A. 团结一切力量建设社会主义新国家

    B. 纠正"左"倾错误

    C. 纠正右倾错误

    D. 避免出现苏共20大造成的影响

12. 1957年春夏开始的整风运动的主题是   （   ）

    A. 正确处理人民内部矛盾

    B. 同官僚主义倾向作斗争

    C. 同主观主义倾向作斗争

    D. 同宗派主义倾向作斗争

13. 人民公社的基本特点是   （   ）

    A. "政社合一"

    B. "工农商学兵"为一体

    C. "农林副牧渔"全面管理

    D. "一大二公"

14. 1959年，在中共中央召开的庐山会议上受到错误批判

的是　　　　　　　　　　　　　　　　　　　　（　　）

    A．刘少奇　　　　　　　B．彭德怀

    C．周恩来　　　　　　　D．邓小平

15．1961 年 1 月，中国共产党正式决定国民经济实行"调整、巩固、充实、提高"方针的会议是　　　　　　　（　　）

    A．中共八届八中全会　　B．中共八届九中全会

    C．中共九届二中全会　　D．中共九届三中全会

16．毛泽东在中共八届九中全会上号召大兴调查研究之风，搞一个实事求是年，这一年是　　　　　　　　　　（　　）

    A．1960 年　　　　　　　B．1961 年

    C．1962 年　　　　　　　D．1963 年

17．1962 年 1 月中共中央召开总结经验教训、明确工作方针的会议是　　　　　　　　　　　　　　　　　　（　　）

    A．"七千人大会"　　　　B．中共八届九中全会

    C．第一次郑州会议　　　D．中共八届十中全会

18．中共为总结经验教训、明确工作方向而召开的"七千人大会"是在　　　　　　　　　　　　　　　　　　（　　）

    A．1958 年　　　　　　　B．1959 年

    C．1962 年　　　　　　　D．1963 年

19．新中国第一次提出实现"四个现代化"奋斗目标的会议是　　　　　　　　　　　　　　　　　　　　　　（　　）

    A．第一届全国人民代表大会

    B．第二届全国人民代表大会

    C．第三届全国人民代表大会

    D．第四届全国人民代表大会

20．1966 年至 1976 年在我国发生的全局性、长时间的"左"倾严重错误是　　　　　　　　　　　　　　　（　　）

    A．"大跃进"　　　　　　B．"人民公社运动"

C. 反右派斗争　　　　　D. "文化大革命"

21. 使中国共产党、国家和人民遭到新中国成立以来最严重挫折和损失的是　　　　　　　　　　　　　　（　　）

　　A. 反右斗争　　　　　B. 反右倾机会主义的斗争

　　C. "文化大革命"　　　D. "大跃进"和"反右倾"

22. 发动和领导"文化大革命"的主要论点是　　　（　　）

　　A. 阶级斗争长期性的理论

　　B. "和平演变"的理论

　　C. 无产阶级专政下继续革命的理论

　　D. 面临资产阶级复辟的理论

23. "文化大革命"的导火线是　　　　　　　　　（　　）

　　A.《评新编历史剧〈海瑞罢官〉》的发表

　　B. 上海"一月革命"夺权斗争

　　C. 围困中南海事件

　　D.《炮打司令部——我的一张大字报》的发表

24. 1967 年，谭震林等老一辈无产阶级革命家与中央文革小组的错误做法进行的抗争被诬为　　　　　　　（　　）

　　A. "一月风暴"　　　　B. "反攻倒算"

　　C. "右倾翻案"　　　　D. "二月逆流"

25. 1971 年 9 月 13 日凌晨仓皇出逃，在蒙古人民共和国境内温都尔汗附近坠机身亡的是　　　　　　　　（　　）

　　A. 陈泊达　　　　　　B. 林彪

　　C. 康生　　　　　　　D. 吴法宪

26. 林彪反革命集团策动反革命政变终于失败是在　（　　）

　　A. 1969 年　　　　　B. 1970 年

　　C. 1971 年　　　　　D. 1972 年

27. 邓小平着手对各方面工作进行整顿开始于　　　（　　）

　　A. 1972 年　　　　　B. 1973 年

　　C．1974 年　　　　　　　　D．1975 年

28．"文化大革命"结束的标志是　　　　　　　　（　　）

　　A．"一月风暴"的兴起　　B．林彪反革命集团的覆灭

　　C．"天安门事件"的爆发　D．江青反革命集团的垮台

29．1964 年，新中国在科技领域取得的重大成果是　（　　）

　　A．第一颗原子弹试验成功

　　B．第一颗氢弹试验成功

　　C．第一颗人造地球卫星发射成功

　　D．第一颗月球探测卫星发射成功

30．新中国第一颗人造地球卫星发射成功是在　　（　　）

　　A．1964 年 10 月　　　　　B．1966 年 10 月

　　C．1967 年 10 月　　　　　D．1970 年 4 月

31．中国同印度、缅甸等国共同倡导的处理国与国关系公认
的国际准则是　　　　　　　　　　　　　　　　（　　）

　　A．和平共处五项原则　　B．战略伙伴关系

　　C．友好合作　　　　　　D．相互支持

32．新中国恢复在联合国合法席位的时间是　　　　（　　）

　　A．1949 年　　　　　　　B．1956 年

　　C．1966 年　　　　　　　D．1971 年

33．1971 年 10 月，新中国在外交上取得的重大成果是

　　　　　　　　　　　　　　　　　　　　　　　　（　　）

　　A．恢复了在联合国的合法席位

　　B．恢复了在世界卫生组织的合法席位

　　C．实现了中日关系正常化

　　D．实现了中法关系正常化

34．20 世纪 70 年代，毛泽东、周恩来抓住时机发起了改善
中美关系的　　　　　　　　　　　　　　　　　（　　）

　　A．篮球外交　　　　　　B．乒乓外交

C. 网球外交　　　　　　D. 围棋外交

三、多项选择题（在每小题四个备选项中至少有两个是符合题目要求的，请将其代码填写在题后的括号内）

1. 1956 年至 1957 年，中国共产党人探索社会主义建设道路取得的积极成果有　　　　　　　　　　（　　）

　　A. 社会主义建设总路线

　　B.《论十大关系》

　　C. 中共八大制定的路线、方针和政策

　　D.《关于正确处理人民内部矛盾的问题》

2. 毛泽东在《论十大关系》中提出的处现共产党和民主党派关系的方针是　　　　　　　　　　　（　　）

　　A. 长期共存　　　　　　B. 肝胆相照

　　C. 互相监督　　　　　　D. 荣辱与共

3. 社会主义改造基本完成后，我国国内的主要矛盾是

　　　　　　　　　　　　　　　　　　　　　　（　　）

　　A. 人民对于建立先进的工业国的要求同落后的农业国现实之间的矛盾

　　B. 社会主义道路与资本主义道路之间的矛盾

　　C. 人民对于经济文化迅速发展的需要同当前经济文化不能满足人民需要的状况之间的矛盾

　　D. 工人阶级与资产阶级的矛盾

4. 中共八大提出的政治建设方针是　　　　　　　（　　）

　　A. 继续加强我国的人民民主专政

　　B. 加强国内各民族的团结

　　C. 继续巩固人民民主统一战线

　　D. 建立健全的法制

5. 中共八大坚持的我国经济建设的方针是　　　　（　　）

A. 既反保守又反冒进

B. 统筹兼顾、适当安排

C. 在综合平衡中稳步前进

D. 改革经济管理体制

6. 集中体现毛泽东探索中国社会主义建设道路所取得的理论成果的著作有 （　　）

A. 《论十大关系》

B. 《关于正确处理人民内部矛盾的问题》

C. 《在中国共产党宣传工作会议上的讲话》

D. 《在省市自治区党委书记会议上的讲话》

7. 毛泽东在《关于正确处理人民内部矛盾的问题》中指出，社会主义社会的基本矛盾是 （　　）

A. 无产阶级和资产阶级的矛盾

B. 社会主义道路和资本主义道路的矛盾

C. 生产力和生产关系的矛盾

D. 经济基础和上层建筑的矛盾

8. 1957 年 2 月，毛泽东最高国务会议上指出，社会主义社会两类不同性质的矛盾是 （　　）

A. 敌我之间的矛盾

B. 人民内部之间的矛盾

C. 生产力和生产关系之间的矛盾

D. 经济基础和上层建筑之间的矛盾

9. 毛泽东《关于正确处理人民内部矛盾的问题》的讲话中，提出解决人民内部矛盾的方法是 （　　）

A. 民主的方法

B. 说服的方法

C. "惩前毖后、治病救人"的方法

D. 团结——批评——团结的方法

10. 1956 年，中国共产党在整风运动中反对的错误倾向是

（ ）

    A. 主观主义　　　　　　B. 宗派主义

    C. 自由主义　　　　　　D. 官僚主义

11. "大跃进"运动中所犯的"左"倾错误主要是 （ ）

    A. 高指标　　　　　　　B. 瞎指挥

    C. 浮夸风　　　　　　　D. "共产风"

12. 20 世纪 50 年代被称为"三面红旗"的是 （ ）

    A. 总路线　　　　　　　B. 大跃进

    C. 人民公社　　　　　　D. 大炼钢铁

13. 1959 年到 1961 年中国国民经济发生严重困难的主要原因是

（ ）

    A. 自然灾害的影响

    B. "大跃进"和"反右倾"斗争的错误

    C. 苏联政府撕毁合同，撤走专家

    D. 国民经济比例严重失调

14. 1961 年，中共八届九中全会制定的关于国民经济的指导方针是

（ ）

    A. 调整　　　　　　　　B. 巩固

    C. 充实　　　　　　　　D. 提高

15. 周恩来在三届全国人民代表大会一次会议上正式宣布，把我国建设成为社会主义强国的目标是实现 （ ）

    A. 工业现代化　　　　　B. 农业现代化

    C. 国防现代化　　　　　D. 科学技术现代化

16. 1967 年，在所谓"二月逆流"中与中央文革小组错误做法进行抗争的有 （ ）

    A. 谭震林　　　　　　　B. 陈毅、徐向前

    C. 叶剑英、聂荣臻　　　D. 李富春、李先念

17. 1973 年 8 月，中共十大召开后在中央政治局内结成"四人帮"的是　　　　　　　　　　　（　　）

A. 江青　　　　　　　　B. 张春桥

C. 姚文元　　　　　　　D. 王洪文

18. "文化大革命"期间，中国共产党粉碎林彪和"四人帮"两个反革命集团分别在　　　　　　　（　　）

A. 1971 年　　　　　　　B. 1972 年

C. 1975 年　　　　　　　D. 1976 年

19. 在粉碎江青反革命集团，结束"文化大革命"的斗争中作重要贡献的党和国家领导人有　　　　（　　）

A. 华国锋　　　　　　　B. 陈云

C. 叶剑英　　　　　　　D. 李先念

20. 毛泽东在探索中国社会主义建设道路出现严重失误的原因主要是　　　　　　　　　　　　（　　）

A. 缺乏社会主义建设的经验

B. 把本不属于阶级斗争的问题看做是阶级斗争

C. 民主集中制和集体领导原则遭到破坏

D. 对什么是社会主义，如何建设社会主义没有完全搞清楚

21. 20 世纪 70 年代，新中国在尖端科技领域取得的重大成就有　　　　　　　　　　　　　　（　　）

A. 爆炸了第一颗原子弹

B. 爆炸了第一颗氢弹

C. 第一颗人造地球卫星发射成功

D. 中近程地地导弹发射成功

22. 对国家科学技术的发展作出重大贡献的科学家有（　　）

A. 华罗庚、李四光　　　B. 茅以升、竺可桢、童第周

C. 钱学森、钱三强　　　D. 邓稼先、陈景润

23. 同中国共同倡导和平共处五项原则的国家有 （ ）

    A. 苏联   B. 印度

    C. 缅甸   D. 泰国

24. 从"一五"到 1976 年，涌现出大批英雄模范人物，主要有 （ ）

    A. 雷锋   B. 王进喜

    C. 陈永贵   D. 焦裕禄

25. 1972 年出现了西方国家对华建立外交关系的热潮，先后同中国建立大使级外交关系的国家是 （ ）

    A. 英国   B. 荷兰

    C. 希腊   D. 联邦德国

26. 在探索中国社会主义建设道路的过程中，毛泽东指出社会主义社会可能分为 （ ）

    A. 不发达的社会主义   B. 比较发达的社会主义

    C. 初级阶段的社会主义   D. 高级阶段的社会主义

27. 毛泽东提出的社会主义经济建设"两条腿"走路的方针是 （ ）

    A. 工业和农业并举

    B. 重工业和轻工业并举

    C. 中央工业和地方工业并举

    D. 大、中、小企业并举

28. 在探索中国社会主义建设道路过程中，毛泽东提出的对待古今中外优秀文化的方针是 （ ）

    A. 古为今用   B. 洋为中用

    C. 百花齐放   D. 推陈出新

四、问答题

1. 毛泽东《论十大关系》一文的主要内容。

1956 年 4 月 25 日，在中央政治局扩大会议和 1956 年 5 月 2 日最高国务会议上先后作了《论十大关系》的报告。

（1）这个报告，总结了经济建设的初步经验，借鉴苏联建设的经验教训，系统地阐述了十大关系，这十大关系，围绕一个基本方针，即"一定要努力把党内党外、国内国外的一切积极因素，直接的、间接的积极因素，全部调动起来，把我国建设成为一个强大的社会主义国家"。

（2）报告初步提出了中国社会主义经济建设的若干新方针。基本精神是要在着重发展重工业和国防工业的同时，大力发展同国计民生密切相关的轻工业、农业，并且充分发挥中央和地方、沿海与内地两方面的建设积极性。

（3）在社会主义政治建设方面，提出共产党和其他民主党派要实行"长期共存，互相监督"的方针。在肃反中坚持"一个不杀，大部不捉"的方针。

（4）还提出了"双百"方针，这一社会主义文化建设的新方针。毛泽东提出"文艺问题上的百花齐放，学术问题上的百家争鸣"。

《论十大关系》是以毛泽东为主要代表的中国共产党人开始探索中国自己的社会主义建设道路的标志。它在新的历史条件下从经济方面和政治方面提出了新的指导方针，为中共八大的召开作了理论准备。

2. 中共八大提出的我国的主要矛盾和主要任务是什么？

1956 年 9 月，中共八大正确地分析了国内的主要矛盾和主要任务。大会指出：我国国内的主要矛盾已经是人民对于建立先进的工业国的要求同落后的农业国的现实之间的矛盾，已经是人民对于经济文化迅速发展的需要同当前经济文化不能满足人民需要状况之间的矛盾。这一矛盾的实质，在我国社会主义制度已经建立的情况下，也就是先进的社会主义制度同落后的社会生产力之间的矛盾。

党和全国人民的当前的主要任务是：集中力量来解决这个矛盾，把我国尽快地从落后的农业国变为先进的工业国。

3. 中共八大对我国经济建设、政治建设提出的指导方针是什么？

中共八大对我国经济建设、政治建设提出了正确的方针：

（1）在经济建设上，大会坚持既反保守又反冒进即在综合平衡中稳步前进的方针。

（2）在政治建设上，大会要求继续加强我国的人民民主专政，加强国内各民族的团结；继续巩固人民民主统一战线；要逐步制定完备的法律，建立健全的法制。

4. 陈云在中共八大上提出的"三个主体、三个补充"的思想是什么？

陈云在八大提出的"三个主体、三个补充"的思想：

国家经营和集体经营是主体，一定数量的个体经营为补充；

计划生产是主体，一定范围的自由生产为补充；

国家市场为主体，一定范围的自由市场为补充。

陈云的这个思想为大会所采纳，并写入决议，成为突破传统观念，探索适合中国特点的经济体制的重要举措。

5. 毛泽东《关于正确处理人民内部矛盾的问题》一文主要内容。

1957年2月，毛泽东在扩大的最高国务会议发表了《关于正确处理人民内部矛盾的问题》的讲话，提出要把正确处理人民内部矛盾作为国家政治生活的主题。

毛泽东在文章中科学分析了社会主义的基本矛盾，指出，社会主义社会的基本矛盾仍然是生产力和生产关系、经济基础和上层建筑之间的矛盾。并指出，这些矛盾可以经过社会主义制度本身的自我调整和完善，不断地得到解决。这实际上为积极促进社会主义制度的自我完善和发展奠定了理论基石。

毛泽东在文章中还概括提出了区分和处理敌我矛盾和人民内部两类矛盾的学说。他指出：社会主义社会存在着敌我之间和人民内部两类性质根本不同的矛盾，前者需要用强制的、专政的方法去解决，后者只能用民主的、说服教育的、"团结——批评——团结"的方法去解决，不能用解决敌我矛盾的方法去解决人民内部的矛盾。

《关于正确处理人民内部矛盾的问题》是一篇重要的马克思主义文献，对社会主义事业具有长远的指导意义。

6. 1962 年 1 月，毛泽东在扩大的中央工作会议（七千人大会）上讲话的主要内容是什么？

讲话系统阐述了民主集中制原则，并对前几年的错误表示要负第一位责任。他承认在社会主义建设上，我们还有很大的盲目性，今后要下苦工夫弄清楚它的规律。指出："中国人口多、底子薄、经济落后，要赶上和超过世界上最先进的资本主义国家，大约要一百多年的时间。"

7. "文化大革命"的性质。

"文化大革命"是一场由领导者错误发动，被反革命集团利用，给党、国家和各族人民带来严重灾难的内乱。

8. 新中国的社会主义建设取得了哪些成就？

（1）基本建立了独立的、比较完整的工业体系和国民经济体系，为国民经济的进一步发展打下了坚实的基础，使中国在赢得了政治上的独立之后赢得了经济上的独立。

（2）人民生活水平得到提高。初步满足了占世界 1/4 人口的基本生活需求。文化、教育、医疗、科技事业得到长足的发展。

1964 年 10 月中国爆炸了第一颗原子弹。1966 年 10 月，装有核弹头的中近程地地导弹发射成功，1967 年 6 月，爆炸了第一颗氢弹。1970 年 4 月，第一颗人造地球卫星发射成功。

（3）国际地位得到提高，国际环境得到改善。同中国建立外交关系的国家，从 1965 年的 49 个增加到 1976 的 111 个，仅 1970 年以后的新建交的国家就有 62 个。

9. 毛泽东等老一辈革命家探索中国社会主义建设道路的理论贡献。

以毛泽东为主要代表的中国共产党人在创建新中国和探索适合中国情况的社会主义建设道路过程中，作出了一系列重要的理论贡献。

（1）毛泽东在探索中国社会主义建设道路过程中的理论贡献有：

第一，论述必须实行马克思主义与中国实际"第二次结合"的基本思想。

第二，提出了社会主义社会矛盾的学说。

第三，阐明了建设社会主义的基本方针。

（2）毛泽东关于社会主义发展阶段的思考。

毛泽东提出："社会主义这个阶段，又可分为两个阶段，第一个阶段是不发达的社会主义，第二个阶段是比较发达的社会主义。后一阶段可能比前一阶段要更长的时间。"

（3）毛泽东提出的社会主义现代化建设的战略目标和步骤。

社会主义现代化建设的战略目标，是把中国建设成为一个具有现代农业、现代工业、现代国防和现代科学技术的强国。

社会主义现代化建设的发展战略步骤是：应当采取"两步走"的发展战略，第一步建成一个独立的比较完整的工业体系和国民经济体系；第二步，全面实现农业、工业、国防和科学技术的现代化，使中国的经济走在世界前列。

（4）毛泽东提出的关于社会主义经济建设的思想是：

第一，要正确处理重工业、轻工业和农业的关系，以农、轻、重为序发展国民经济；

第二，在优先发展重工业的条件下，坚持工业和农业并举、重工业和轻工业并举、中央工业和地方工业并举、大中小企业并举等"两条腿"走路的方针；

第三，正确解决好综合平衡的问题，处理好积累和消费、生产和生活的问题，处理好国家、集体和个人关系，统筹兼顾，适当安排。

（5）毛泽东对社会主义民主政治建设的贡献：

第一，要造成一个又集中又有民主、又有纪律又有自由、又有统一意志、又有个人心舒畅，生动活泼的政治局面；

第二，要把正确处理人民内部矛盾作为国家政治生活的主题，坚持人民民主专政，尽可能团结一切可以团结的力量；

第三，处理好中国共产党同各民主党派的关系，坚持长期共存、互相监督的方针，巩固和扩大爱国统一战线；

第四，切实保障人民当家做主的各项权利，尤其是人民参与国家和社会事务管理的权利；

第五，社会主义法制要保护劳动人民利益，保护社会主义经济基础，保护社会生产力。

（6）毛泽东对社会主义文化建设的贡献：

毛泽东提出，要坚持马克思主义的指导地位，实行"百花齐放、百家争鸣"的方针，对古今中外的优秀文化实行"古为今用，洋为中用，百花齐放，推陈出新"的方针。

（7）毛泽东对国防建设和军队建设的贡献。

毛泽东提出必须加强国防，建设现代化、正规化国防军和发展现代化国防技术的重要指导思想。

（8）毛泽东对加强共产党自身建设的贡献。

　　毛泽东最早觉察到帝国主义的"和平演变"战略的危险，号召共产党人提高警惕，同这种危险作斗争。同时，他又十分警惕党在执政以后可能产生的种种消极现象。为此，他提出：共产党员必须坚持共产主义的远大理想，务必继续地保持谦虚、谨慎、不骄、不躁的作风，继续地保持艰苦奋斗的作风。

　　以毛泽东为主要代表的中国共产党人所阐明的这些重要思想，把对社会主义社会建设和发展规律的认识大大地向前推进，为继续进行探索并在中共十一届三中全会后系统形成中国特色社会主义理论提供了重要的基础。

五、选择题答案

（一）单项选择题答案

1．D	2．B	3．C	4．A	5．B
6．D	7．A	8．A	9．B	10．D
11．A	12．A	13．D	14．B	15．B
16．B	17．A	18．C	19．C	20．D
21．C	22．C	23．A	24．D	25．B
26．C	27．D	28．D	29．A	30．D
31．A	32．D	33．A	34．B	

（二）多项选择题答案

1．BCD	2．AC	3．AC	4．ABCD	5．AC
6．AB	7．CD	8．AB	9．ABD	10．ABD
11．ABCD	12．ABC	13．AB	14．ABCD	15．ABCD
16．ABCD	17．ABCD	18．AD	19．ACD	20．ABCD
21．ABCD	22．ABCD	23．BC	24．ABD	25．ABCD
26．AB	27．ABCD	28．ABCD		

第十章　改革开放与现代化建设新时期

（含简短的结语）

一、学习目的和要求

1. 认识十一届三中全会是新中国成立以来党和国家历史上具有深远意义的历史性转折。

2. 了解中国特色社会主义道路开辟和发展的历史进程，掌握中国共产党在社会主义初级阶段的基本理论、基本纲领、基本路线和基本经验。

3. 认识中国共产党在新时期不断推进马克思主义中国化事业及其取得的理论成果。

4. 了解改革开放和现代化建设取得的巨大成就，认识坚持走中国特色社会主义道路对于实现中华民族伟大复兴的意义。

二、单项选择题（在每小题的四个备选答案中选出一个正确答案，并将正确答案的代码填写在题后的括号内）

1. 作出《关于恢复邓小平同志职务的决议》是　　　（　　）
   A. 中共十大　　　　　　B. 中共十届二中全会
   C. 中共十届三中全会　　D. 中共十届四中全会

2. 开始关于真理标准问题的讨论的时间是　　　　（　　）

  A. 1977 年 11 月 11 日 B. 1978 年 3 月 11 日

  C. 1978 年 5 月 11 日 D. 1978 年 7 月 11 日

3. 1978 年，我国开展的一场马克思主义思想解放运动是

              （ ）

  A. 揭批"四人帮"

  B. 关于真理标准问题的大讨论

  C. 平反冤假错案

  D. 关于社会主义市场经济问题的大讨论

4. 1978 年 12 月 13 日，邓小平在中央工作会议闭幕会上所作的讲话是   （ ）

  A.《解放思想、实事求是，团结一致向前看》

  B.《坚持四项基本原则》

  C.《目前形势和任务》

  D.《对起草〈关于若干历史问题的决议〉的意见》

5. 1978 年，中国共产党重新确立实事求是思想路线的会议是   （ ）

  A. 中共十一届三中全会 B. 中共十一届六中全会

  C. 中共十二届三中全会 D. 中共十二届六中全会

6. 1978 年 12 月，中国共产党召开的具有深远意义的重要会议是   （ ）

  A. 十届三中全会   B. 十一届三中全会

  C. 十一届六中全会 D. 十二届三中全会

7. 揭开我国社会主义改革开放序幕的会议是 （ ）

  A. 中共十一届三中全会

  B. 中共十一届六中全会

  C. 中共十二届三中全会

  D. 中共十二届六中全会

8. 1979 年，邓小平在中央理论工作务虚会上首先明确提

出，必须坚持 （ ）

  A. 拨乱反正　　　　　　B. 四项基本原则

  C. 解放思想　　　　　　D. 以经济建设为中心

  9. 中共中央通过《关于建国以来党的若干历史问题的决议》
的会议是 （ ）

  A. 十一届三中全会

  B. 十一届六中全会

  C. 十二届三中全会

  D. 十二届六中全会

  10. 对毛泽东和毛泽东思想的历史地位作出科学评价的会议
是 （ ）

  A. 党的十一届二中全会

  B. 党的十一届三中全会

  C. 党的十一届六中全会

  D. 党的十二大

  11. 1980 年 5 月，邓小平发表《关于农村政策的谈话》肯
定了 （ ）

  A. 包干到户形式　　　　B. 包产到户形式

  C. 包干到组形式　　　　D. 包产到组形式

  12. 促进人民公社体制解体的是 （ ）

  A. 恢复和成立乡、镇各级人民政权

  B. 统分结合农村家庭联产承包责任制的普遍实行

  C. 包产到户

  D. 包干到户

  13. 1979 年元旦，全国人大常委会发表的重要文献是

（ ）

  A.《一个国家，两种制度》

  B.《告台湾同胞书》

C. 《实现两岸和平统一的九项方针》

D. 《反国家分裂法》

14. 1982年，中共十二大明确提出了 （　　）

A. 建设有中国特色的社会主义

B. 党在社会主义初级阶段的基本路线

C. 建设社会主义政治文明

D. 党在社会主义初级阶段的基本纲领

15. 提出把我国建立成为高度文明、高度民主的社会主义国家的目标是 （　　）

A. 党的十大　　　　　　　B. 党的十一大

C. 党的十二大　　　　　　D. 党的十三大

16. 1984年，中共十二届三中全会制定、通过了 （　　）

A. 《关于加快农业的若干问题的决定》

B. 《关于经济体制改革的决定》

C. 《关于科技体制改革的决定》

D. 《关于教育体制改革的决定》

17. 1988年，中共中央和国务院决定建立的经济特区是

（　　）

A. 珠海经济特区　　　　B. 汕头经济特区

C. 厦门经济特区　　　　D. 海南经济特区

18. 中国共产党第一次比较系统地阐述社会主义初级阶段理论是在 （　　）

A. 中共十二大　　　　　B. 中共十三大

C. 中共十四大　　　　　D. 中共十五大

19. 中国共产党第一次完整地概括社会主义初级阶段基本路线的会议是 （　　）

A. 党的十三大　　　　　B. 党的十四大

C. 党的十五大　　　　　D. 党的十六大

20. 中共十三大比较系统地阐述了　　　　　　（　　）

　　A. 社会主义本质理论

　　B. 社会主义市场经济理论

　　C. 社会主义初级阶段理论

　　D. "三个有利于"标准的理论

21. 中国的社会生产力在改革开放后迅速发展，到 2006 年经济总量已居世界　　　　　　　　　　　　（　　）

　　A. 第二位　　　　　　　　B. 第三位

　　C. 第四位　　　　　　　　D. 第五位

22. 将社会主义初级阶段基本路线概括为"一个中心，两个基本点"的会议是　　　　　　　　　　　　（　　）

　　A. 中共十二大　　　　　　B. 中共十三大

　　C. 中共十五大　　　　　　D. 中共十六大

23. 提出中国社会主义农业改革和发展有两个飞跃的是

　　　　　　　　　　　　　　　　　　　　　（　　）

　　A. 华国锋　　　　　　　　B. 邓小平

　　C. 胡耀邦　　　　　　　　D. 赵紫阳

24. 1990 年，中共中央、国务院为进一步推进对外开放作出的战略举措是　　　　　　　　　　　　（　　）

　　A. 建立厦门经济特区

　　B. 建立珠海经济特区

　　C. 开发、开放长江三角洲

　　D. 开发、开放上海浦东新区

25. 1990 年 3 月，中共十三届六中全会通过了　（　　）

　　A. 《关于科学技术体制改革的决定》

　　B. 《关于教育体制改革的决定》

　　C. 《关于加强党同人民群众联系的决定》

　　D. 《关于加强党的执政能力建设决定》

26. 中共十四大明确提出，我们经济体制改革的目标是建立
（　　）

    A. 社会主义市场经济体制

    B. 市场为主、计划为辅的经济体制

    C. 社会主义计划经济

    D. 社会主义有计划的商品经济体制

27. 中国加入世界贸易组织的时间是　　　　　　（　　）

    A. 1999 年 12 月　　　　　　B. 2000 年 12 月

    C. 2001 年 12 月　　　　　　D. 2002 年 12 月

28. 中国对香港恢复行使主权的时间是　　　　（　　）

    A. 1997 年 7 月 1 日　　　　B. 1997 年 12 月 20 日

    C. 1999 年 7 月 1 日　　　　D. 1999 年 12 月 20 日

29. 中国恢复对澳门行使主权是在　　　　　　（　　）

    A. 1997 年 7 月 1 日　　　　B. 1997 年 12 月 20 日

    C. 1999 年 7 月 1 日　　　　D. 1999 年 12 月 20 日

30. 1995 年，江泽民关于发展海峡两岸关系的重要讲话是
（　　）

    A. 《告台湾同胞书》

    B. 《为促进祖国统一大业的完成而继续奋斗》

    C. 《一个国家，两种制度》

    D. 《实现两岸和平统一的九项方针》

31. 1998 年，中共中央决定在县级以上党政领导班子和领
导干部中深入开展　　　　　　　　　　（　　）

    A. 讲政治、讲经济、讲文化的教育

    B. 讲思想、讲觉悟、讲正气的教育

    C. 讲理想、讲觉悟、讲正气的教育

    D. 讲学习、讲政治、讲正气的教育

32. 江泽民在庆祝中国共产党成立 80 周年大会上系统阐述

了 （ ）

    A. 三讲

    B. 社会主义农业的改革和发展有两个飞跃

    C. 保持党的先进性

    D. "三个代表"重要思想

33. 中国共产党将"三个代表"重要思想作为党的指导思想写入党章是在 （ ）

    A. 中共十四大   B. 中共十五大

    C. 中共十六大   D. 中共十七大

34. 正式提出以人为本，全面协调可持续的科学发展观的会议是 （ ）

    A. 中共十五届五中全会

    B. 中共十五届六中全会

    C. 中共十六届三中全会

    D. 中共十六届四中全会

35. 科学发展观的核心是 （ ）

    A. 发展   B. 以人为本

    C. 全面协调可持续   D. 统筹兼顾

36. 科学发展观的基本要求是 （ ）

    A. 发展   B. 以人为本

    C. 全面协调可持续   D. 统筹兼顾

37. 2004 年 9 月中共十六届四中全会提出的战略任务是 （ ）

    A. 构建社会主义和谐社会

    B. 全面建设小康社会

    C. 建设社会主义新农村

    D. 建立社会主义市场经济体制

38. 全国范围内取消农业税是在 （ ）

A. 2004 年　　　　　　　B. 2005 年

C. 2006 年　　　　　　　D. 2007 年

39. 社会主义荣辱观主要内容是　　　　　　　　（　）

A. 讲正气　　　　　　　B. 讲道德

C. 讲文明　　　　　　　D. 八荣八耻

40. 胡锦涛系统阐述走和平发展道路的基本内涵和重大意义演讲是在　　　　　　　　　　　　　　　　　（　）

A. 日本东京　　　　　　B. 美国华盛顿白宫

C. 法国巴黎　　　　　　D. 英国伦敦金融城

41. 1978 年 12 月，中共十一届三中全会以来改革开放新时期最突出标志是　　　　　　　　　　　　　（　）

A. 与时俱进

B. 形成了中国特色社会主义

C. 科学发展观

D. "三个代表"重要思想

42. 中共十七大报告指出，我国社会主义现代化建设新时期最鲜明的特点是　　　　　　　　　　　　（　）

A. 与时俱进　　　　　　B. 快速发展

C. 改革开放　　　　　　D. 以人为本

43. 2005 年，第十届全国人民代表大会第三次会议主要通过了　　　　　　　　　　　　　　　　　　（　）

A.《反分裂国家法》

B.《香港特别行政区基本法》

C.《国家安全法》

D.《澳门特别行政区基本法》

三、多项选择题（在每小题四个备选项中至少有两个是符合题目要求的，请将其代码填写在题后的括号内）

1. 中共十一届三中全会的主要内容是 （ ）
   A. 否定了"以阶级斗争为纲"的"左"的错误方针
   B. 确定了把工作重点转移到社会主义现代化建设上来和实行改革开放的战略决策
   C. 恢复邓小平的职务的决定
   D. 正确评价了毛泽东和毛泽东思想的历史地位

2. 中共十一届三中全会的深远历史意义主要体现在 （ ）
   A. 结束了粉碎"四人帮"后党和国家的工作在徘徊中前进的局面
   B. 开始了党在思想、政治、组织等领域的全面拨乱反正
   C. 形成了以邓小平为核心的中共中央领导集体
   D. 揭开了社会主义改革开放的序幕

3. 1979 年 3 月，邓小平在理论工作务虚会上指出的实现四个现代化的根本前提是必须 （ ）
   A. 坚持社会主义道路
   B. 坚持人民民主专政
   C. 坚持共产党的领导
   D. 坚持马克思主义、毛泽东思想

4. 1983 年 10 月，中共中央就农村体制改革问题作出的重大决定是 （ ）
   A. 废除人民公社
   B. 建立乡（镇）政府作为基层政权
   C. 成立村民委员会作为村民自治组织
   D. 以包产到户、包干到户为主要形式的家庭联产承包

责任制

5. 1978 年开始，安徽、四川的基层干部和农民群众，在省委支持下试行的农业生产责任制形式有 （　　）

    A. 包产到组　　　　　　　　B. 包产到户

    C. 分田到户　　　　　　　　D. 包干到户

6. 邓小平在《目前的形势和任务》中提出中国人民长期奋斗的大事有 （　　）

    A. 维护世界和平　　　　　　B. 加紧国防建设

    C. 实现祖国统一　　　　　　D. 加紧现代化建设

7. 1980 年，中共中央决定设立的经济特区有 （　　）

    A. 深圳经济特区　　　　　　B. 珠海经济特区

    C. 汕头经济特区　　　　　　D. 厦门经济特区

8. 1985 年 2 月，中共中央和国务院决定设立的沿海经济开放区是 （　　）

    A. 长江三角洲

    B. 珠江三角洲

    C. 环渤海地区

    D. 闽南厦门泉州漳州三角地区

9. 1985 年 3 月和 5 月，中共中央先后颁布和推进体制改革的重要文件有 （　　）

    A.《关于经济体制改革的决定》

    B.《关于科学技术体制改革的决定》

    C.《关于教育体制改革的决定》

    D.《关于文化体制改革的决定》

10. 1987 年召开的中共十三大提出了 （　　）

    A. 社会主义初级阶段理论

    B. 党在社会主义初级阶段的基本路线

    C. 社会主义现代化建设"三步走"的发展战略

D. 党在社会主义初级阶段的基本纲领

11. 中共十二届六中全会确定的我国社会主义现代化建设总体布局是 （　　）

 A. 以经济建设为中心

 B. 坚定不移地进行经济体制改革

 C. 坚定不移地进行政治体制改革

 D. 坚定不移地加强精神文明建设

12. 中共十四届六中全会《关于加强社会主义精神文明建设若干重要问题的决议》强调 （　　）

 A. 以科学的理论武装人

 B. 以正确的舆论引导人

 C. 以高尚的精神塑造人

 D. 以优秀的作品鼓舞人

13. 20 世纪 90 年代后期，我国改革开放和现代化建设经受的风险考验包括 （　　）

 A. 1997 年爆发的亚洲金融危机

 B. 1998 年发生的历史上罕见的洪涝灾害

 C. 1999 年北约袭击中国驻南斯拉夫大使馆

 D. 1999 年"法轮功"邪教组织非法聚众闹事

14. 20 世纪 90 年代，中国在推进祖国统一大业方面的重大进展有 （　　）

 A. 促成海峡两岸达成"九二共识"

 B. 促成海峡双边举行"汪辜会谈"

 C. 恢复对香港行使主权

 D. 恢复对澳门行使主权

15. 1998 年 11 月，中共中央决定在县级以上党政领导班子和干部中开展教育活动的内容是 （　　）

 A. 讲纪律   B. 讲学习

C. 讲政治   D. 讲正气

16. 中共十六届四中全会，中国特色社会主义事业的总体布局包括 （ ）

     A. 经济建设   B. 政治建设

     C. 文化建设   D. 社会建设

17. 构建社会主义和谐社会的战略思想提出后，中国特色社会主义事业的总体布局包括 （ ）

     A. 经济建设   B. 政治建设

     C. 文化建设   D. 社会建设

18. 中共十七大明确指出，高举中国特色社会主义伟大旗帜最根本的是要坚持 （ ）

     A. 对内改革

     B. 对外开放

     C. 中国特色社会主义道路

     D. 中国特色社会主义理论体系

19. 中共十七大报告明确指出，我国在社会主义现代化建设新时期 （ ）

     A. 最成功的方面是拨乱反正

     B. 最鲜明的特点是改革开放

     C. 最显著的成就是快速发展

     D. 最突出的标志是与时俱进

20. 中共十七大明确指出，中国特色社会主义理论体系包括 （ ）

     A. 毛泽东思想

     B. 邓小平理论

     C. "三个代表"重要思想

     D. 科学发展观

21. 中共十七大将改革开放以来我们取得一切成绩和进步的

根本原因归结为 　　　　　　　　　　　　　　　（　　）

    A. 提出了社会主义精神文明建设的指导方针

    B. 开辟了中国特色社会主义道路

    C. 形成了中国特色社会主义理论体系

    D. 构建了社会主义现代化建设的总体布局

22. 2001 年，中国正式加入世界贸易组织后形成的对外开放格局是 　　　　　　　　　　　　　　　　（　　）

    A. 全方位 　　　　　　　　B. 多层次

    C. 宽领域 　　　　　　　　D. 多方面

23. 改革开放以来，我国形成的基层民主自治体系包括

（　　）

    A. 农村村民委员会 　　　　B. 城市居民委员会

    C. 企业职工代表大会 　　　D. 学校学生联合会

四、问答题

1. 关于真理标准问题大讨论的意义。

1978 年 5 月 11 日，《光明日报》发表题为《实践是检验真理的唯一标准》的特邀评论员文章，在全国开始了关于真理标准问题大讨论。

这一讨论冲破了"两个凡是"的思想束缚，是继延安整风运动之后一场马克思主义思想解放运动，成为拨乱反正和改革开放的思想先导，为党重新确立实事求是的思想路线，纠正长期以来的"左"倾错误，实现历史性的转折作了思想理论准备。

2. 为什么说中共十一届三中全会是新中国成立以来伟大的历史转折？

第一，中共十一届三中全会冲破了长期"左"的错误的严重束缚，彻底否定了"两个凡是"的错误方针，高度评价了关于真理标准问题的讨论，并且断然否定"以阶级斗争为纲"的指导思

想，作出了把工作重点转移到社会主义现代化建设上来和实行改革开放的战略决策，重新确立了马克思主义的思想路线、政治路线和组织路线。

第二，全会恢复了党的民主集中制的优良传统，审查解决了历史上遗留的一批重大问题和一些重要领导人的功过是非问题。

第三，全会结束了粉碎"四人帮"后两年在徘徊中前进的局面，开始了中国共产党思想、政治、组织等领域的全面拨乱反正，形成了以邓小平为核心的党中央领导集体，揭开了改革开放的序幕。

3. 中共十一届三中全会作出的一系列重大决策是什么？

第一，鉴于全国范围的大规模的揭批林彪、"四人帮"的群众运动已经基本上胜利完成，全党工作的重点应该从 1979 年起转移到社会主义现代化建设上来。

第二，为了适应社会主义现代化建设的需要，全会决定在党的生活和国家政治生活中加强民主，明确党的思想路线，加强党的领导机构和成立中央纪律检查委员会。

第三，从现在起，应当把立法工作摆到全国人民代表大会及其常务委员会的重要议程上来。为了保障人民民主，必须加强社会主义法制，使民主制度化、法律化，使这种制度和法律具有稳定性、连续性和极大的权威，做到有法可依、有法必依、执法必严、违法必究。

4. 1979 年 3 月，邓小平在理论工作务虚会上提出的四项基本原则及坚持这些原则的重要性。

四项基本原则是指：坚持社会主义道路，坚持人民民主专政，坚持共产党的领导，坚持马克思列宁主义、毛泽东思想。

坚持四项基本原则的重要性在于：这是实现四个现代化的根本前提，如果动摇了其中任何一项，那就动摇了整个社会主义现代化建设及事业。

5. 中共中央于 1981 年发表的《关于建国以来党的若干历史问题的决议》主要内容及其意义。

（1）科学地评价了毛泽东和毛泽东思想的历史地位。指出：毛泽东同志是伟大的马克思主义者，是伟大的无产阶级革命家、战略家和理论家。他为中国共产党和中国人民解放军的创立和发展，为中国各族人民解放事业的胜利，为中华人民共和国的缔造和中国社会主义事业的发展，建立了永远不可磨灭的功勋。决议对毛泽东思想的科学体系和活的灵魂作了概括，指出毛泽东思想是马克思列宁主义在中国的运用和发展，是被实践证明了的关于中国革命和建设的正确的理论原则的经验总结，是中国共产党集体智慧的结晶。

（2）从根本上否定"文化大革命"的理论和实践，对新中国成立以来的重大历史事件作出了基本结论。

（3）肯定了中共十一届三中全会以来逐步确立的适合中国情况的建设社会主义强国的道路，进一步指明了中国社会主义事业和党的工作继续前进的方向。

决议的通过，标志着指导思想上拨乱反正的胜利完成。

6. 中共十二届六中全会提出的我国社会主义精神文明建设的根本任务是什么？

1986 年 9 月，中共十二届六中全会作出《关于社会主义精神文明建设指导方针的决议》，阐述了社会主义精神文明建设的战略地位和根本任务、基本方针，提出要以经济建设为中心，坚定不移地进行经济体制改革，坚定不移地进行政治体制改革，坚定不移地加强精神文明建设，并且使这几个方面互相配合、互相促进。

社会主义精神文明建设的根本任务，是适应社会主义现代化建设的需要，培养有思想、有道德、有文化、有纪律的社会主义公民，提高整个中华民族的思想道德素质和科学文化素质。

7. 中共十三大提出的社会主义初级阶段理论和基本路线是什么？

1987 年 10 月 25 日至 11 月 1 日，中国共产党第十三次全国代表大会在北京召开。

大会比较系统地阐述了关于社会主义初级阶段的理论，完整地概括了中国共产党在社会主义初级阶段"一个中心，两个基本点"的基本路线。

大会指出，我国正处在社会主义初级阶段。这个论断，包括两层含义。第一，我国社会已经是社会主义社会。我们必须坚持而不能离开社会主义。第二，我国的社会主义还处于初级阶段。

中国共产党在社会主义初级阶段的基本路线是，领导和团结全国各族人民，以经济建设为中心，坚持四项基本原则，坚持改革开放，自力更生，艰苦创业，为把我国建设成为富强、民主、文明的社会主义现代化国家而奋斗。

8. 中共十三大制定的社会主义现代化"三步走"的战略部署是什么？

1987 年 10 月，党的十三大正式制定了社会主义现代化建设"三步走"的战略部署：

第一步，实现国民生产总值比 1980 年翻一番，解决人民的温饱问题，这个任务已经基本实现；

第二步，到 20 世纪末，使民生产总值再增长一倍，人民生活达到小康水平；

第三步，到 21 世纪中叶，人均国民生产总值达到中等发达国家水平，人民生活比较富裕，基本实现现代化。

9. 邓小平提出的政治体制改革的基本思路是什么？

1980 年 8 月，邓小平在中共中央政治局扩大会议上发表《党和国家领导制度的改革》的讲话，分析了党和国家领导体制中存在的问题和弊端，提出了政治体制改革的基本任务。1986

年，他又在多次讲话中阐明了政治体制改革的基本思想。

（1）政治体制改革要认真解决官僚主义，权力过分集中，党政不分，事实上存在的领导职务终身制等问题，认真肃清封建主义残余影响和资产阶级思想影响，发展社会主义民主，调动广大人民群众的积极性。

（2）政治体制改革是社会主义制度的自我完善，必须以四项基本原则为指导，遵循统一领导、循序渐进的原则，在中国共产党的领导下有步骤、有秩序地推进，必须坚持从本国国情出发，总结本国的实践经验，同时借鉴人类政治文明的有益成果，绝不应照搬西方政治制度的模式，绝不能搞资产阶级自由化。

根据邓小平提出的上述基本思路，1987年10月，中共十二届七中全会讨论并原则通过中央制定的《政治体制改革总体设想》。

10. 邓小平南方谈话的主要内容和意义是什么？

1992年1月18日至2月21日，邓小平先后视察武昌、深圳、珠海、上海等地，发表重要谈话，其主要内容是：

（1）强调革命是解放生产力，改革也是解放生产力。基本路线要管一百年，动摇不得。判断改革开放程度的标准，应该看是否有利于发展社会主义社会的生产力，是否有利于增强社会主义国家的综合国力，是否有利于提高人民的生活水平。

（2）强调计划和市场都是经济手段。计划多一点还是市场多一点，不是社会主义与资本主义的本质区别。社会主义的本质，是解放生产力，发展生产力，消灭剥削，消除两极分化，最终达到共同富裕。

（3）强调发展才是硬道理。抓住时机，发展自己，关键是发展经济，他指出，科学技术是第一生产力，高科技领域，中国也要在世界占一席之地。

（4）强调要坚持两手抓，一手抓改革开放，一手抓打击各种犯罪活动。这两只手都要硬，在整个改革开放过程中都要反对腐败。

（5）强调我国的社会主义还处在初级阶段，巩固和发展社会主义制度，还需要一个很长的历史阶段。我们要在建设有中国特色的社会主义道路上继续前进，从现在起到下世纪中叶，将是很要紧的时期，我们要埋头苦干。

邓小平南方讲话，在重大历史关头，科学地总结了十一届三中全会以来党的基本实践和基本经验，明确回答了长期困扰的束缚人们思想的许多重大认识问题，对整个社会主义现代化建设事业产生了重大而深远的影响。

11. 怎样正确处理改革、发展、稳定之间的关系。

1995 年 9 月，江泽民在中共十四届五中全会上发表讲话，深刻阐述了要正确处理好社会主义现代化建设中的十二个重大关系。指出改革、发展、稳定的关系是总揽全局的，要把改革的力度、发展的速度和社会可承受的程度协调统一起来，做到在政治上和社会稳定中推进改革和发展，在改革和发展的推进中实现政治上和社会的长期稳定。

这是对中共十一届三中全会以来改革开放实践经验的科学总结，反映了中国特色社会主义建设的根本规律，是必须长期坚持的基本方针。

12. "三个代表"重要思想的提出及其意义。

中共十三届四中全会以来，以江泽民为主要代表的中国共产党人高举邓小平理论伟大旗帜，准确把握时代特征，科学判断中国共产党所处的历史方位，围绕建设中国特色社会主义这个主题，集中全党智慧，以马克思主义的巨大勇气进行理论创新，逐步形成了"三个代表"重要思想这一系统的科学理论。

"三个代表"重要思想作为完整的概念，是 2000 年 2 月，江泽民在广东考察工作时提出来的。同年 5 月，江泽民在江苏、浙江、上海党建工作座谈会的讲话中，又进一步指出，始终做到"三个代表"是中国共产党的立党之本、执政之基、力量之源。2001 年 7 月 1 日，江泽民在庆祝党成立 80 周年大会上发表讲话，系统阐述了"三个代表"重要思想的科学内涵和基本内容。

"三个代表"重要思想的提出，在国内外引起强烈反响，全党和全国上下兴起了学习贯彻"三个代表"重要思想的高潮，有力地推动了改革开放和现代化建设的跨世纪发展，也为中共十六大的召开奠定了思想基础。

13.　以胡锦涛为总书记的中共中央提出科学发展观的意义是什么？

（1）2007 年 10 月 15 日，胡锦涛在中共十七大报告中，全面论述了科学发展观的科学内涵和精神实质。科学发展观第一要义是发展，核心是以人为本，基本要求是全面可持续，根本方法是统筹兼顾。

（2）意义：第一，是以邓小平理论和"三个代表"重要思想为指导，从新世纪新阶段党和国家事业发展的全局出发，立足社会主义初级阶段基本国情，总结中国发展实践，借鉴国外发展经验，适应新的发展要求提出的重大战略。

第二，是对中国三代中央领导集体关于发展的重要思想的继承和发展，是马克思主义关于发展的世界观和方法论的集中体现，是同马克思主义、毛泽东思想、邓小平理论和"三个代表"重要思想既一脉相承又与时俱进的科学理论，是我国经济社会发展的重要指导方针。

14.　试述走和平发展的道路思想的基本内涵和重大意义。

2004 年 8 月，胡锦涛在纪念邓小平诞辰一百周年大会上的讲话中，提出要高举和平、发展、合作的旗帜，坚持走和平发展的道路。2005 年 11 月，他在英国伦敦金融城发表演讲，系统地阐述了走和平发展道路的基本内涵和重大意义。

坚持走和平发展的道路，就是中国既通过争取和平的国际环境来发展自己，又通过自己的发展来促进世界和平，永远做维护世界和平促进共同发展的坚定力量。主要依靠自己力量和改革创新来实现发展，同时，坚持对外开放的基本国策，在平等互利的基础上同世界各国开展交流合作，努力实现互利共赢。中国还同国际社会其他成员携手努力，为实现各国和谐相处、全球经济和谐发展、不同文明和谐进步的美好前景发挥积极作用，共同致力于建设一个持久和平、共同繁荣的和谐世界。

15. 中国共产党第十七次全国代表大会的主要内容。

（1）大会主题是：高举中国特色社会主义伟大旗帜，以邓小平理论和"三个代表"重要思想为指导，深入贯彻落实科学发展观，继续解放思想，坚持改革开放，推动科学发展，促进社会和谐，为夺取全面建设小康社会新胜利而奋斗。

围绕上述主题，大会完成了三项使命：第一，审议并通过了胡锦涛代表十六届中央委员会作的大会报告。第二，审议并一致通过了党章修正案。第三，选举产生了新一届党的中央委员会。

（2）十七大报告，是如何论述改革开放的历史进程及基本经验的？

中共十七大报告，站在新的历史起点上，对改革开放近 30 年的历程作了回顾，指出：自 1978 年中共十一届三中全会开辟了改革开放历史新时期以来，中国人民的面貌、社会主义中国的面貌、中国共产党的面貌发生了历史性变化。新时期最鲜明的特点是改革开放，最显著的成就是快速发展，最突出的标志是与时俱进。改革开放以来我们取得一切成绩和进步的根本原因，归纳起来就是开辟了中国特色社会主义道路，形成了中国特色社会主义理论体系。高举中国特色社会主义伟大旗帜，最根本的就是坚持这条道路和这个理论体系。

（3）十七大报告对中国特色社会主义道路和中国特色社会主

义理论体系是如何论述的？

第一，中国特色社会主义道路的系统论述。中国特色社会主义道路，就是在中国共产党的领导下，立足基本国情，以经济建设为中心，坚持四项基本原则，坚持改革开放，解放和发展社会主产力，巩固和完善社会主义制度，建设社会主义市场经济、社会主义民主政治、社会主义先进文化、社会主义和谐社会，建设富强、民主、文明、和谐的社会主义现代国家。

第二，中国特色社会主义理论体系，就是包括邓小平理论、"三个代表"重要思想以及科学发展观等重大战略思想在内的科学体系。

16. 改革开放以来，我国社会主义民主政治建设稳步推进的主要表现。

第一，人民代表大会制度、中国共产党领导的多党合作和政治协商制度进一步健全和完善，广泛的爱国统一战线继续得到巩固和发展。

第二，基层民主建设取得重大进展，以农村村民委员会、城市居民委员会和企业职工代表大会作为主要内容的基层民主自治体系开始形成。

第三，社会主义法制建设取得显著成就，以宪法为基础的中国特色社会主义法律体系在逐渐完备。

17. 中共十一届三中全会以来，改革开放和社会主义现代化建设取得了哪些成就，这些成就的取得说明什么？

取得的成就：

（1）综合国力和国际竞争力显著提高；

（2）人民生活总体上达到小康水平；

（3）经济体制改革和对外开放取得重大进展；

（4）社会主义民主政治建设稳步推进；

（5）社会主义精神文明建设成效显著；

（6）民族政策和宗教政策得到全面贯彻；

（7）祖国统一大业取得重大进展；

（8）国防和军队建设迈出新步伐；

（9）积极开展全方位外交；

（10）党的建设新的伟大工程全面推进。

以上十大成就的取得充分说明了：第一，社会主义制度优越性的生动体现，是中华民族发展史上一个新的里程碑。第二，充分证明，中共十一届三中全会以来中国共产党开辟的中国特色社会主义道路，确立的基本理论、基本路线、基本纲领、基本经验是完全正确的。

18. 20 世纪中国经历了哪三次历史性巨大变化。

第一次是辛亥革命，推翻了统治中国几千年的君主专制制度。它开创了完全意义上的近代民族民主革命。它为中国进步打开了闸门，使反动统治秩序再也无法稳定下来。

第二次是中华人民共和国的成立和社会主义制度的建立。

第三次是改革开放，为实现社会主义现代化而奋斗。

这三次历史性巨大变化，从根本上改变了中国人民的前途命运，决定了中国历史的发展方向。

五、选择题答案

（一）单项选择题答案

1. C	2. C	3. B	4. A	5. A
6. B	7. A	8. B	9. B	10. C
11. B	12. B	13. B	14. A	15. C
16. B	17. D	18. B	19. A	20. C
21. C	22. B	23. B	24. D	25. C
26. A	27. C	28. A	29. D	30. B

31. D   32. D   33. C   34. C   35. B

36. C   37. A   38. C   39. D   40. D

41. A   42. C   43. A

（二）多项选择题答案

1. AB   2. ABCD 3. ABCD 4. ABC   5. ABD

6. ACD   7. ABCD 8. ABD   9. BC   10. ABC

11. ABCD 12. ABCD 13. ABCD 14. ABCD 15. BCD

16. ABCD 17. ABCD 18. CD   19. BCD 20. BCD.

21. BC   22. ABC 23. ABC

附　录

一、2012年1月高等教育自学考试全国统一命题考试

中国近现代史纲要　试卷

（课程代码 03708）

本试卷满分100分，考试时间150分钟。

总分		题号	一	二	三	四
核分人		题分	30	20	30	20
复查人		得分				

一、单项选择题（本大题共30小题，每小题1分，共30分）在每小题列出的四个备选项中只有一个是符合题目要求的，请将其代码填写在题后的括号内。错选、多选或未选均无分。

1. 西方列强对近代中国的侵略，首先和主要的是　　【　】
   A. 政治控制　　　　　　B. 军事侵略
   C. 经济掠夺　　　　　　D. 文化渗透

2. 中国半殖民半封建社会最主要的矛盾是　　【　】
   A. 地主阶级与农民阶级的矛盾
   B. 资产阶级与工人阶级的矛盾
   C. 帝国主义与中华民族的矛盾
   D. 封建主义与人民大众的矛盾

3. 近代中国第一个资产阶级革命政党是　　【　】
   A. 兴中会　　　　　　　B. 中国同盟会
   C. 中华革命党　　　　　D. 中国国民党

4. 清朝政府宣布实行"新政"的时间是　　【　】

A. 1901 年　　　　　　　B. 1906 年

C. 1908 年　　　　　　　D. 1911 年

5. 辛亥革命时期，资产阶级革命派的阶级基础是　　　　　【　】

A. 买办资产阶级　　　　B. 官僚资产阶级

C. 城市小资产阶级　　　D. 民族资产阶级

6. 20 世纪初年，邹容发表的宣传民主革命思想的著作是

【　】

A.《驳康有为论革命书》　B.《革命军》

C.《警世钟》　　　　　　D.《猛回头》

7. 在俄国十月革命影响下，率先在中国举起马克思主义旗

帜的是　　　　　　　　　　　　　　　　　　　　　　　【　】

A. 李大钊　　　　　　　B. 李　达

C. 陈独秀　　　　　　　D. 毛泽东

8. 1919 年 6 月 3 日后，五四运动主力发生的变化是　【　】

A. 由学生转为工人　　　B. 由工人转为学生

C. 由农民转为工人　　　D. 由工人转为农民

9. 中国共产党第一次全国代表大会召开的最初地点是【　】

A. 北京　　　　　　　　B. 广州

C. 嘉兴　　　　　　　　D. 上海

10. 1922 年召开的中共二大第一次明确提出了　　　　【　】

A. 实现共产主义的最高纲领

B. 新民主主义革命总路线

C. 反帝反封建的民主革命纲领

D. 土地革命总路线

11. 中国共产党领导的中国工人运动第一个高潮的起点是

【　】

A. 香港海员罢工　　　　B. 安源路矿工人罢工

C. 京汉铁路工人罢工　　D. 省港工人罢工

12. 1927 年，蒋介石在上海制造了捕杀共产党员和革命群众的 【　】

　　　A. 中山舰事件　　　　B. 整理党务案
　　　C. 四·一二政变　　　D. 七·一五政变

13. 国民党在全国的统治建立后，官僚资本的垄断活动首先和主要是 【　】

　　　A. 从重工业方面开始的

　　　B. 从商业方面开始的

　　　C. 从轻工业方面开始的

　　　D. 从金融业方面开始

14. 1930 年 8 月，邓演达领导成立的中间党派是 【　】

　　　A. 中国青年党

　　　B. 中国国家社会党

　　　C. 中华职业教育社

　　　D. 中国国民党临时行动委员会

15. 1931 年 1 月至 1935 年 1 月，中国共产党内出现的主要错误倾向是 【　】

　　　A. "左"倾盲动主义　　　B. "左"倾教条主义
　　　C. "左"倾冒险主义　　　D. 右倾机会主义

16. 1939 年 10 月，中国工农红军三大主力胜利会师是在 【　】

　　　A. 四川懋功地区

　　　B. 甘肃会宁、静宁将台堡

　　　C. 西康甘孜地区

　　　D. 陕北吴起镇

17. 1931 年，日本帝国主义制造了侵略中国的 【　】

　　　A. 九·一八事变　　　B. 华北事变
　　　C. 卢沟桥事变　　　D. 八·一三事变

18. 1935 年，中共中央召开的确定抗日民族统一战线新政策的会议是　【　】

    A. 瓦窑堡会议　　　　　B. 洛川会议

    C. 中共六届六中全会　　D. 中共六届七中全会

19. 在抗日战争的战略防御阶段，国民党军队在正面战场获胜的战役是　【　】

    A. 桂南战役　　　　　　B. 枣宜战役

    C. 台儿庄战役　　　　　D. 中条山战役

20. 1945 年出席联合国制宪会议的中国代表团中，解放区的代表是　【　】

    A. 周恩来　　　　　　　B. 王若飞

    C. 林伯渠　　　　　　　D. 董必武

21. 1947 年 10 月，《中国人民解放军宣言》提出的行动口号是　【　】

    A. 和平、民主、团结

    B. 打倒蒋介石、解放全中国

    C. 打过长江去、解放全中国

    D. 将革命进行到底

22. 台湾人民反抗国民党当局暴政的"二二八"起义发生在　【　】

    A. 1946 年　　　　　　B. 1947 年

    C. 1948 年　　　　　　D. 1949 年

23. 1949 年 4 月 21 日，中国人民解放军发起的战役是【　】

    A. 辽沈战役　　　　　　B. 淮海战役

    C. 平津战役　　　　　　D. 渡江战役

24. 1949 年 6 月，毛泽东发表的系统论述中国共产党建国主张的著作是　【　】

    A.《论人民民主专政》

B.《论联合政府》

C.《目前形势和我们的任务》

D.《将革命进行到底》

25. 1962 年初，中共中央为统一思想、总结经验教训和明确工作方向召开了 【 】

A. 庐山会议　　　　　B."七千人大会"

C. 南宁会议　　　　　D. 武昌会议

26. 1967 年，谭震林等老一辈革命家对中央文革小组的错误做法进行的抗争被诬称为 【 】

A."一月革命"　　　　B."二月逆流"

C."全面夺权"　　　　D."右倾翻案"

27. 2004 年 9 月，中共十六届四中全会提出的战略任务是
【 】

A. 构建社会主义和谐社会

B. 全面建设小康社会

C. 建设社会主义新农村

D. 建立社会主义市场经济体制

28. 中共十七大报告指出，我国社会主义现代化建设新时期最鲜明的特点是 【 】

A. 与时俱进　　　　　B. 快速发展

C. 改革开放　　　　　D. 以人为本

29. 中国加入世界贸易组织的时间是 【 】

A. 1999 年 12 月　　　B. 2000 年 12 月

C. 2001 年 12 月　　　D. 2002 年 12 月

30. 2005 年，第十届全国人民代表大会第三次会议高票通过了 【 】

A.《反分裂国家法》

B.《香港特别行政区基本法》

C.《国家安全法》

D.《澳门特别行政区基本法》

二、多项选择题（本大题共 10 小题，每小题 2 分，共 20 分）在每小题列出的四个备选项中至少有两个是符合题目要求的，请将其代码填写在题后的括号内。错选、多选、少选或未选均无分。

31. 太平天国定都天京后进行的重大战事包括 【 】

    A. 攻克永安   B. 北伐

    C. 西征   D. 天京城外破围战

32. 1905 年至 1907 年，资产阶级革命派与改良派的论战所围绕的主要问题是 【 】

    A. 要不要以革命手段推翻清政府

    B. 要不要推翻帝制、实行共和

    C. 要不要变法维新

    D. 要不要社会革命

33. 1904 年至 1905 年，为争夺在华利益而在我国东北进行战争的帝国主义国家是 【 】

    A. 英国   B. 法国

    C. 日本   D. 俄国

34. 1912 年后，资产阶级革命派为捍卫辛亥革命成果而进行的斗争包括 【 】

    A. "二次革命"   B. 护国运动

    C. 第一次护法运动   D. 第二次护法运动

35. 五四时期，研究和宣传马克思主义的社团有 【 】

    A. 马克思主义研究会   B. 马克思学说研究会

    C. 新民学会   D. 觉悟社

36. 第一次国共合作建立后，在广州先后主持农民运动讲习

所工作的共产党人是 【 】

  A. 彭 湃   B. 阮啸仙

  C. 毛泽东   D. 周恩来

37. 毛泽东在《论十大关系》中提出的处理共产党和民主党派关系的方针是 【 】

  A. 长期共存   B. 肝胆相照

  C. 互相监督   D. 荣辱与共

38. 1979 年 3 月，邓小平在理论工作务虚会上指出的实现四个现代化的根本前提是必须 【 】

  A. 坚持社会主义道路

  B. 坚持人民民主专政

  C. 坚持共产党的领导

  D. 坚持马克思列宁主义、毛泽东思想

39. 1985 年 2 月，中共中央和国务院决定设立的沿海经济开放区是 【 】

  A. 长江三角洲   B. 珠江三角洲

  C. 环渤海地区   D. 闽南厦门泉州漳州三角洲地区

40. 1998 年 11 月，中共中央决定在党政领导班子和干部中开展党性党风教育的主要内容是 【 】

  A. 讲纪律   B. 讲学习

  C. 讲政治   D. 讲正气

三、简答题 （本大题共 5 小题，每小题 6 分，共 30 分）

41. 近代中国工人阶级的特点是什么？

42. 八一南昌起义的历史意义是什么？

43. 中共洛川会议制定《抗日救国十大纲领》的主要内容是什么？

44. 抗日战争胜利后，中国国内形势发生的新变化是什么？

45. 中共八大提出的我国经济建设和政治建设的指导方针是什么？

四、论述题（本大题共 2 小题，每小题 10 分，共 20 分）

46. 戊戌维新运动的历史意义是什么？

47. 为什么说中国共产党提出的过渡时期总路线反映了历史的必然性？

二、2012 年 1 月高等教育自学考试全国统一命题考试

中国近现代史纲要试题答案

（课程代码 03708）

一、单项选择题（本大题共 30 小题，每小题 1 分，共 30 分）

1．B	2．C	3．B	4．A	5．D
6．B	7．A	8．A	9．D	10．C
11．A	12．C	13．D	14．D	15．B
16．B	17．A	18．A	19．C	20．D
21．B	22．B	23．D	24．A	25．B
26．B	27．A	28．C	29．C	30．A

二、多项选择题（本大题共 10 小题，每小题 2 分，共 20 分）

31．BCD	32．ABD	33．CD	34．ABCD	35．ABCD
36．ABC	37．AC	38．ABCD	39．ABD	40．BCD

三、简答题（本大题共 5 小题，每小题 6 分，共 30 分）

41．近代中国工人阶级的特点是：第一，深受帝国主义、封建势力和资产阶级的三重压迫与剥削，革命性最强。第二，人数虽少，但相对集中，主要集中在大城市和大企业中，便于形成革命的力量。第三，主要是由破产农民和家庭手工业者转化而来，同农民有着天然的联系，便于结成工农联盟。

42．第一，打响了武装反抗国民党反动统治的第一枪。第二，成为共产党独立领导革命战争、创建人民军队和武装夺取政

权的伟大开端。第三，揭开了土地革命战争的序幕。

43. 要打倒日本帝国主义，关键在于实行全国军事总动员、全国人民总动员，使抗战成为全面的全民族的抗战。必须改革政治机构，给人民以充分的抗日民主权利并适当改善工农大众的生活。必须坚持统一战线中无产阶级的领导权，在敌后放手发动独立自主的山地游击战，在国统区放手发动抗日的群众运动。

44. 第一，中国人民的觉悟程度、组织程度空前提高，中国共产党及其领导的人民革命力量得到空前发展，全国人民渴望和平、民主、团结。第二，国民党统治集团坚持独裁、内战方针，继续走半殖民地半封建社会的老路。第三，三种建国方案和两个中国之命运的斗争日益尖锐。

45. 在经济建设上，坚持反保守又反冒进，即在综合平衡中稳步前进的方针。在政治上继续加强我国的人民民主专政，加强民族团结，继续巩固人民民主统一战线，制定和健全法制。

四、论述题（本大题共 2 小题，每小题 10 分，共 20 分）

46. 第一，戊戌维新运动是一次爱国救亡运动。维新派在民族危亡的紧要关头，发起了变法图存、维护民族独立和发展资本主义的救国运动，反映了时代的要求。第二，戊戌维新运动是一场资产阶级性质的政治改革运动。维新派冲破了洋务派"中体西用"的思想局限，主张建立君主立宪制，在一定程度上冲击了封建专制制度。第三，戊戌维新运动是一场思想启蒙运动。维新派大力传播西方的社会政治学说，批判封建君权和封建纲常伦理，有利于民主主义思想的传播。第四，维新派主张革除吸食鸦片及妇女缠足等陋习，对改革社会风气起到了积极作用。

47. 第一，社会主义性质的国营经济是实现国家工业化的主要基础。社会主义工业化，是国家独立和富强的当然要求和必要条件。(4) 第二，资本主义经济力量弱小，发展困难，不可能成为中国工业起飞的基础。第三，对个体农业进行社会主义改造，是保证工业发展，实现国家工业化的必要条件。第四，新中国成立后，长期受到美国等西方资本主义国家的封锁和遏制，只有社会主义的苏联能够援助中国，这一国际环境也促使中国选择社会主义。

三、2012年10月高等教育自学考试全国统一命题考试

中国近现代史纲要　试卷

（课程代码 03708）

本试卷满分 100 分，考试时间 150 分钟。

总分		题号	一	二	三	四
核分人		题分	30	20	30	20
复查人		得分				

一、单项选择题 （本大题共 30 小题，每小题 1 分，共 30 分）在每小题列出的四个备选项中只有一个是符合题目要求的，请将其代码填写在题后的括号内。错选、多选或未选均无分。

1. 资本—帝国主义列强对近代中国的侵略，首先和主要进行的是　　　　　　　　　　　　　　　　【　】

    A. 军事侵略　　　　　　　B. 政治控制

    C. 经济掠夺　　　　　　　D. 文化渗透

2. 1860 年洗劫和烧毁圆明园的是　　　　　　　　【　】

    A. 日本侵略军　　　　　　B. 俄国侵略军

    C. 八国联军　　　　　　　D. 英法联军

3. 在近代中国，洋务派开展洋务运动的指导思想是　【　】

    A. "师夷长技以制夷"

    B. "中学为体，西学为用"

    C. "物竞天择，适者生存"

    D. "启迪民智，除旧布新"

4. 洋务派创办的第一个规模较大的近代军事工业是　【　】

　　　A．江南制造总局　　　　　B．马尾船政局

　　　C．天津机器局　　　　　　D．湖北枪炮厂

5．19世纪90年代，梁启超宣传变法维新主张的著作是 【　】

　　　A．《新学伪经考》　　　　　B．《仁学》

　　　C．《人类公理》　　　　　　D．《变法通义》

6．1898年发表《劝学篇》一文，对抗维新变法的洋务派官僚是 【　】

　　　A．李鸿章　　　　　　　　B．左宗棠

　　　C．刘坤一　　　　　　　　D．张之洞

7．受俄国十月革命影响，在中国率先举起马克思主义旗帜的是 【　】

　　　A．陈独秀　　　　　　　　B．陈望道

　　　C．毛泽东　　　　　　　　D．李大钊

8．中国近代史上第一次彻底反帝反封建的革命运动是 【　】

　　　A．辛亥革命　　　　　　　B．五四运动

　　　C．五卅运动　　　　　　　D．国民革命

9．1920年3月，在北京大学成立的学习和宣传马克思主义的社团是 【　】

　　　A．新民学会　　　　　　　B．觉悟社

　　　C．马克思学说研究会　　　D．马克思主义研究会

10．1920年11月，中国共产党早期组织领导建立的第一个产业工会组织是 【　】

　　　A．安源路矿工人俱乐部

　　　B．上海机器工会

　　　C．北京长辛店工人俱乐部

　　　D．京汉铁路总工会

11．中国共产党第一次明确提出反帝反封建民主革命纲领的

会议是　　　　　　　　　　　　　　　　　　　【　　】

　　　A. 中共一大　　　　　　B. 中共二大

　　　C. 中共三大　　　　　　D. 中共四大

　　12. 1921年9月，中国共产党领导成立的第一个农民协会是在　　　　　　　　　　　　　　　　　　　　【　　】

　　　A. 浙江省萧山县　　　　B. 广东省海丰县

　　　C. 湖南省湘潭县　　　　D. 福建省上杭县

　　13. 1927年大革命失败后，中国共产党确定土地革命和武装斗争方针的会议是　　　　　　　　　　　　　　【　　】

　　　A. 西湖会议　　　　　　B. 八七会议

　　　C. 古田会议　　　　　　D. 遵义会议

　　14. 1930年1月，毛泽东明确提出"以乡村为中心"思想的重要著作是　　　　　　　　　　　　　　　　　　【　　】

　　　A.《中国的红色政权为什么能够存在?》

　　　B.《井冈山的斗争》

　　　C.《星星之火，可以燎原》

　　　D.《反对本本主义》

　　15. 1931年当选为中华苏维埃共和国临时中央政府主席的是　　　　　　　　　　　　　　　　　　　　　【　　】

　　　A. 毛泽东　　　　　　　B. 周恩来

　　　C. 项英　　　　　　　　D. 王稼祥

　　16. 1931年1月至1935年1月，中国共产党内出现的主要错误倾向是　　　　　　　　　　　　　　　　　【　　】

　　　A."左"倾盲动主义　　　B."左"倾冒险主义

　　　C."左"倾教条主义　　　D. 右倾保守主义

　　17. 1933年5月，在张家口领导成立察哈尔民众抗日同盟军的国民党爱国将领是　　　　　　　　　　　　【　　】

　　　A. 蔡廷锴　　　　　　　B. 蒋光鼐

　　　　C. 冯玉祥　　　　　　　　D. 李济深

18. 1941 年 3 月，在大后方抗日民主运动中诞生的民主党派是　　　　　　　　　　　　　　　　　　　【　】

　　　　A. 中国民主政团同盟　　　B. 中国民主建国会

　　　　C. 中国民主促进会　　　　D. 台湾民主自治同盟

19. 1937 年 8 月，中国共产党制定《抗日救国十大纲领》的会议是　　　　　　　　　　　　　　　　　　　【　】

　　　　A. 六届五中全会　　　　　B. 瓦窑堡会议

　　　　C. 洛川会议　　　　　　　D. 六届六中全会

20. 1945 年 4 月，包括中国解放区代表董必武在内的中国代表团出席了　　　　　　　　　　　　　　　　　【　】

　　　　A.《联合国宣言》签署会议

　　　　B. 德黑兰会议

　　　　C. 雅尔塔会议

　　　　D. 联合国制宪会议

21. 新中国成立之初，社会主义国营经济建立的主要途径是　　　　　　　　　　　　　　　　　　　　　　　【　】

　　　　A. 赎买民族资本　　　　　B. 没收官僚资本

　　　　C. 征用帝国主义在华资本 D. 整合解放区公营资本

22. 1950 年底至 1952 年春，中国共产党在党政机构工作人员中开展的运动是　　　　　　　　　　　　　　【　】

　　　　A. 肃反运动　　　　　　　B. 整风、整党运动

　　　　C. "三反"运动　　　　　 D. "五反"运动

23. 新中国发展国民经济第一个五年计划的中心环节是【　】

　　　　A. 优先发展重工业　　　　B. 优先发展轻工业

　　　　C. 重点发展沿海工业　　　D. 重点发展内地工业

24. 中国共产党在过渡时期总路线的主体是逐步实现　【　】

　　　　A. 国家对个体农业的社会主义改造

B. 国家对个体手工业的社会主义改造

C. 国家对资本主义工商业的社会主义改造

D. 国家的社会主义工业化

25. 1964年10月，新中国在尖端科技领域取得的重大成果是 【　】

A. 第一颗原子弹试验成功

B. 第一颗氢弹试验成功

C. 第一颗人造地球卫星发射成功

D. 第一颗月球探测卫星发射成功

26. 中华人民共和国恢复在联合国合法席位的时间是 【　】

A. 1949年　　　　　　B. 1966年

C. 1971年　　　　　　D. 1978年

27. 1984年，中共十届三中全会通过的重要文件是 【　】

A.《关于加快农业发展若干问题的决定》

B.《关于经济体制改革的决定》

C.《关于科技体制改革的决定》

D.《关于教育体制改革的决定》

28. 1990年，邓小平提出的关于中国农业改革与发展的思想是 【　】

A. "三个主体，三个补充"

B. "三步走"

C. "两个飞跃"

D. "两个大局"

29. 中国共产党将邓小平理论同马克思列宁主义、毛泽东思想一道确立为党的指导思想的会议是 【　】

A. 中共十四大

B. 中共十五大

C. 中共十六大

D. 中共十七大

30. 1999年12月20日，中国在推进祖国统一大业方面迈出的重要一步是　　　　　　　　　　　　　　　　　　【　　】

    A. 海峡两岸达成"九二共识"

    B. 海峡双边举行"汪辜会谈"

    C. 恢复对香港行使主权

    D. 恢复对澳门行使主权

二、多项选择题（本大题共10小题，每小题2分，共20分）在每小题列出的四个备选项中至少有两个是符合题目要求的，请将其代码填写在题后的括号内。错选、多选、少选或未选均无分。

31. 第一次鸦片战争后，清政府被迫分别与法国和美国签订的不平等条约是　　　　　　　　　　　　　　　　　　【　　】

    A.《南京条约》　　　　　　B.《黄埔条约》

    C.《虎门条约》　　　　　　D.《望厦条约》

32. 资本—帝国主义列强对近代中国进行经济掠夺的主要手段有　　　　　　　　　　　　　　　　　　　　　　【　　】

    A. 控制中国通商口岸

    B. 剥夺中国关税自主权

    C. 对华倾销商品和资本输出

    D. 操纵中国经济命脉

33. 第一次鸦片战争期间，为抗击英国侵略者而以身殉国的清朝爱国将领包括　　　　　　　　　　　　　　　　【　　】

    A. 海龄　　　　　　　　　　B. 陈化成

    C. 关天培　　　　　　　　　D. 史荣椿

34. 自1840年至1919年，中国人民在历次反侵略战争中失败的主要原因是　　　　　　　　　　　　　　　　　【　　】

    A. 社会制度的腐败

    B. 军事指挥的失误

    C. 思想文化的保守

    D. 经济技术的落后

35. 1920 年 8 月成立的上海共产主义小组的主要成员有 【 】

    A. 陈独秀   B. 陈潭秋

    C. 李汉俊   D. 李达

36. 1926 年上半年，以蒋介石为代表的国民党新右派制造的旨在打击共产党员和工农力量的事件包括 【 】

    A. 商团叛乱事件

    B. 暗杀廖仲恺事件

    C. 中山舰事件

    D. 整理党务案事件

37. 毛泽东在探索中国社会主义建设道路过程中提出，社会主义的发展阶段可能分为 【 】

    A. 不发达的社会主义

    B. 比较发达的社会主义

    C. 初级阶段的社会主义

    D. 高级阶段的社会主义

38. 邓小平在 1979 年 3 月的理论工作务虚会上强调，必须坚持 【 】

    A. 社会主义道路

    B. 人民民主专政

    C. 共产党的领导

    D. 马克思列宁主义、毛泽东思想

39. 20 世纪 90 年代后期，中国改革开放和现代化建设经受的风险考验包括 【 】

    A. 亚洲金融危机的爆发

B. 历史上罕见洪涝灾害的发生

C. 北约袭击中国驻南斯拉夫使馆

D. "法轮功"邪教组织非法聚众闹事

40. 中共十七大报告明确指出，我国社会主义现代化建设新

时期   【   】

A. 最鲜明的特点是改革开放

B. 最显著的成就是快速发展

C. 最突出的标志是与时俱进

D. 最有效的方法是循序渐进

三、简答题（本大题共 5 小题，每小题 6 分，共 30 分）

41. 简述太平天国农民战争失败的主要原因。

42. 简述井冈山根据地创建的历史意义。

43. 简述毛泽东在《论持久战》中对抗日战争历史进程的

阐述。

44. 简述新中国对资本主义工商业采取和平赎买政策的特点。

45. 简述中共八大对我国社会主义改造基本完成后国内主要矛盾和主要任务的阐述。

四、论述题 （本大题共 2 小题，每小题 10 分，共 20 分）

46. 试述辛亥革命的历史意义。

47. 试述中国革命统一战线中的两个联盟及其相互关系。

四、2013 年 1 月高等教育自学考试全国统一命题考试

中国近现代史纲要　试卷

（课程代码 03708）

本试卷满分 100 分，考试时间 150 分钟。

总分	题号	一	二	三	四
核分人	题分	30	20	30	20
复查人	得分				

一、**单项选择题**（本大题共 30 小题，每小题 1 分，共 30 分）在每小题列出的四个备选项中只有一个是符合题目要求的，请将其代码填写在题后的括号内。错选、多选或未选均无分。

1. 1840 年鸦片战争后，中国社会的性质是　　　　【　】
   A. 奴隶社会　　　　　　　B. 封建社会
   C. 半殖民地半封建社会　　D. 资本主义社会

2. 1860 年洗劫和烧毁圆明园的外国侵略军是　　　【　】
   A. 日本侵略军　　　　　　B. 英法联军
   C. 俄国侵略军　　　　　　D. 八国联军

3. 1895 年签订的将中国领土台湾割让给日本的不平等条约是　　　　　　　　　　　　　　　　　　　　　　　【　】
   A.《南京条约》　　　　　　B.《北京条约》
   C.《天津条约》　　　　　　D.《马关条约》

4. 1843 年，魏源在《海国图志》中提出的思想主张是【　】
   A. 中学为体，西学为用
   B. 师夷长技以制夷

C. 物竞天择，适者生存

D. 维新变法以救亡图存

5. 太平天国在 1853 年颁布的纲领性文件是　【　】

　　A.《十款天条》

　　B.《原道觉世训》

　　C.《原道醒世训》

　　D.《天朝田亩制度》

6. 提出《资政新篇》这一具有资本主义色彩改革方案的太平天国领导人是　【　】

　　A. 洪秀全　　　　　　B. 洪仁玕

　　C. 杨秀清　　　　　　D. 石达开

7. 戊戌维新时期，谭嗣同撰写的宣传变法维新主张的著作是　【　】

　　A.《新学伪经考》　　　B.《变法通义》

　　C.《日本变政考》　　　D.《仁学》

8. 为对抗维新变法而发表《劝学篇》的洋务派官僚是【　】

　　A. 李鸿章　　　　　　B. 左宗棠

　　C. 张之洞　　　　　　D. 刘坤一

9. 1919 年，李大钊发表的系统介绍马克思学说的文章是　【　】

　　A.《法俄革命之比较观》

　　B.《Bolshevism 的胜利》

　　C.《我的马克思主义观》

　　D.《科学的社会主义》

10. 1920 年 11 月，中国共产党早期组织领导建立的第一个产业工会是　【　】

　　A. 安源路矿工人俱乐部

　　B. 上海机器工会

C. 北京长辛店工人俱乐部

D. 京汉铁路总工会

11. 第一次国共合作的政治基础是　　　　　　　　　【　】

A. 三民主义　　　　　　　　B. 新三民主义

C. 新民主主义　　　　　　　D. 社会主义

12. 1927 年，汪精卫在武汉制造的屠杀共产党员和革命群众的事变是　　　　　　　　　　　　　　　　　　　　　【　】

A. 中山舰事件　　　　　　　B. 马日事变

C. 四·一二政变　　　　　　D. 七·一五政变

13. 1930 年 1 月，毛泽东进一步阐述农村包围城市、武装夺取政权理论的文章是　　　　　　　　　　　　　　　　【　】

A.《中国的红色政权为什么能够存在?》

B.《井冈山的斗争》

C.《星星之火，可以燎原》

D.《中国革命战争的战略问题》

14. 1936 年 10 月，中国工农红军第一、二、四方面军的胜利会师地是　　　　　　　　　　　　　　　　　　　　【　】

A. 陕北保安　　　　　　　　B. 陕北洛川

C. 陕北瓦窑堡　　　　　　　D. 甘肃会宁、静宁

15. 1931 年，日本帝国主义制造的侵略中国东北的事变是

　　　　　　　　　　　　　　　　　　　　　　　　　【　】

A. 九·一八事变　　　　　　B. 一·二八事变

C. 七·七事变　　　　　　　D. 八·一三事变

16. 1933 年 5 月，国民党西北军将领冯玉祥领导成立的抗日武装力量是　　　　　　　　　　　　　　　　　　　　【　】

A. 察哈尔抗日同盟军　　　　B. 晋中回民支队

C. 东北抗日联军　　　　　　D. 东北抗日义勇军

17. 1940 年，在枣宜会战中以身殉国的国民党爱国将领是 【 】

    A. 佟麟阁   B. 赵登禹

    C. 谢晋元   D. 张自忠

18. 1937 年卢沟桥事变到 1938 年 10 月广州、武汉失守，中国抗日战争处于 【 】

    A. 战略防御阶段   B. 战略相持阶段

    C. 战略反攻阶段   D. 战略决战阶段

19. 1950 年 6 月，中共七届三中全会确定的中心任务是 【 】

    A. 赢得抗美援朝战争的胜利

    B. 完成新解放区的土地改革

    C. 争取国家财政经济状况的基本好转

    D. 开展"三反"、"五反"运动

20. 我国对资本主义工商业的社会主义改造所采取的基本政策是 【 】

    A. 加工订货   B. 和平赎买

    C. 统购包销   D. 公私合营

21. 中国共产党在过渡时期的总路线被概括为"一化三改"，其中"一化"是指 【 】

    A. 农业合作化

    B. 农业机械化

    C. 社会主义工业化

    D. 社会主义现代化

22. 新中国发展国民经济第一个五年计划的中心环节是【 】

    A. 优先发展重工业

    B. 优先发展沿海工业

    C. 优先发展轻工业

D. 优先发展内地工业

23. 新中国第一次正式提出实现"四个现代化"奋斗目标的
会议是 【 　】

    A. 第一届全国人民代表大会

    B. 第二届全国人民代表大会

    C. 第三届全国人民代表大会

    D. 第四届全国人民代表大会

24. "文化大革命"结束的标志是 【 　】

    A. "一月风暴"的兴起

    B. 林彪反革命集团的覆灭

    C. "天安门事件"的爆发

    D. 江青反革命集团的垮台

25. 1964 年，新中国在科技领域取得的重大成果是 【 　】

    A. 第一颗原子弹试验成功

    B. 第一颗氢弹试验成功

    C. 第一颗人造地球卫星发射成功

    D. 第一颗月球探测卫星发射成功

26. 中华人民共和国恢复在联合国合法席位的时间是 【 　】

    A. 1949 年   B. 1956 年

    C. 1971 年   D. 1972 年

27. 1978 年，中国共产党重新确立实事求是思想路线的会
议是 【 　】

    A. 中共十一届三中全会   B. 中共十一届六中全会

    C. 中共十二届三中全会   D. 中共十二届六中全会

28. 1990 年，中共中央和国务院为进一步对外开放而作出
的战略举措是 【 　】

    A. 建立厦门经济特区

    B. 建立珠海经济特区

C. 开发、开放海南经济特区

D. 开发、开放上海浦东新区

29. 中共十四大明确提出，我国经济体制改革的目标是建立
【　】

A. 社会主义有计划商品经济体制

B. 社会主义市场经济体制

C. 计划为主、市场为辅的经济体制

D. 市场为主、计划为辅的经济体制

30. 中共十七大报告指出，我国社会主义现代化建设新时期最鲜明的特点是
【　】

A. 与时俱进　　　　　　B. 改革开放

C. 快速发展　　　　　　D. 以人为本

二、多项选择题（本大题共 10 小题，每小题 2 分，共 20 分）在每小题列出的四个备选项中至少有两个是符合题目要求的，请将其代码填写在题后的括号内。错选、多选、少选或未选均无分。

31. 近代以来，中华民族面临的两大历史任务是　【　】

A. 反对帝国主义

B. 反对封建主义

C. 求得民族独立和人民解放

D. 实现国家繁荣富强和人民共同富裕

32. 中日甲午战争中为国捐躯的爱国将领有　【　】

A. 左宝贵　　　　　　　B. 邓世昌

C. 林永升　　　　　　　D. 丁汝昌

33. 旧民主主义革命时期，中国在历次反侵略战争中失败的主要原因是
【　】

A. 社会制度腐败

B. 军事指挥失误

C. 思想文化保守

D. 经济技术落后

34. 新文化运动的主要内容有　　　　　　　　　　【　】

A. 提倡民主，反对专制

B. 提倡科学，反对迷信

C. 主张暴力革命

D. 主张文学革命

35. 五四时期，研究和宣传马克思主义的社团有　　【　】

A. 马克思主义研究会

B. 马克思学说研究会

C. 新民学会

D. 觉悟社

36. 中国早期共产党组织出版的通俗工人读物有　　【　】

A.《劳动界》　　　　　　　B.《劳动者》

C.《劳动音》　　　　　　　D.《劳动与妇女》

37. 1924年1月，中国国民党第一次全国代表大会确立的三大政策是　　　　　　　　　　　　　　　　　【　】

A. 联俄　　　　　　　　　B. 联共

C. 扶助农工　　　　　　　D. 平均地权

38. 在国民党统治时期，四大家族垄断的大银行有　【　】

A. 中央银行　　　　　　　B. 中国银行

C. 交通银行　　　　　　　D. 中国农民银行

39. 在半殖民地半封建的中国，红色政权存在和发展的客观条件是　　　　　　　　　　　　　　　　　　【　】

A. 政治经济发展极端不平衡

B. 相当力量正式红军的存在

C. 国民革命的影响

D. 全国革命形势的继续向前发展

40. 1928 至 1929 年间，毛泽东主持制定的土地革命文件有
【　】

    A.《井冈山土地法》

    B.《兴国土地法》

    C.《关于清算、减租及土地问题的指示》

    D.《中国土地法大纲》

三、简答题（本大题共 5 小题，每小题 6 分，共 30 分）

41. 洋务运动的历史作用是什么？

42. 中国共产党抗日民族统一战线的策略总方针是什么？

43. 我国农业社会主义改造中的过渡性经济组织形式及其性质是什么？

44. 陈云在中共八大提出的"三个主体，三个补充"的内容是什么？

45. 中共十三大制定的社会主义现代化建设"三步走"的战略部署是什么？

四、论述题（本大题共 2 小题，每小题 10 分，共 20 分）

46. 1905 至 1907 年，资产阶级革命派同改良派论战的主要内容及重要意义是什么？

47. 统一战线作为新民主主义革命胜利的基本经验之一，其主要内容是什么？